中国出版"走出去"重点图书出版计划立项
北大主干基础课教材立项
北大版商务汉语教材·新丝路商务汉语速成系列

新丝路
New Silk Road Business Chinese
中级速成商务汉语 II

李晓琪　主编
崔华山　编著

北京大学出版社
PEKING UNIVERSITY PRESS

图书在版编目(CIP)数据

新丝路:中级速成商务汉语Ⅱ/李晓琪主编.—北京:北京大学出版社,2009.8
(北大版商务汉语教材·新丝路商务汉语速成系列)
ISBN 978-7-301-13720-8

Ⅰ.新… Ⅱ.李… Ⅲ.商务–汉语–对外汉语教学–教材 Ⅳ.H195.4

中国版本图书馆CIP数据核字(2008)第058505号

书　　　名:	新丝路——中级速成商务汉语Ⅱ
著作责任者:	李晓琪　主编　崔华山　编著
责任编辑:	孙　娴　suzannex@126.com
插　　　图:	李　云
标准书号:	ISBN 978-7-301-13720-8/H·1976
出版发行:	北京大学出版社
地　　　址:	北京市海淀区成府路205号　100871
网　　　址:	http://www.pup.cn
电　　　话:	邮购部 62752015　发行部 62750672　编辑部 62752028　出版部 62754962
电子邮箱:	zpup@pup.pku.edu.cn
印　刷　者:	河北博文科技印务有限公司
经　销　者:	新华书店
	889毫米×1194毫米　大16开　10印张　268千字
	2009年8月第1版　2025年1月第7次印刷
定　　　价:	55.00元(含1张MP3)

未经许可,不得以任何方式复制或抄袭本书之部分或全部内容。
版权所有,侵权必究　举报电话:010-62752024
电子邮箱:fd@pup.pku.edu.cn

总　序

　　近年来,随着中国经济的持续快速发展,中国与其他国家贸易交流往来日益密切频繁,中国在国际社会的政治经济和文化影响力日益显著,与此同时,汉语正逐步成为一个重要的世界性语言。

　　与此相应,来华学习汉语和从事商贸工作的外国人成倍增加,他们对商务汉语的学习需求非常迫切。近年来,国内已经出版了一批有关商务汉语的各类教材,为缓解这种需求起到了很好的作用。但是由于商务汉语教学在教学理念及教学方法上都还处于起步、探索阶段,与之相应的商务汉语教材也在许多方面都存在着进一步探索和提高的空间。北京大学对外汉语教育学院自2002年起受中国国家汉语国际推广领导小组办公室的委托,承担中国商务汉语考试(BCT)的研发,对商务汉语的特点及教学从多方面进行了系统研究,包括商务汉语交际功能、商务汉语交际任务、商务汉语语言知识以及商务汉语词汇等,对商务汉语既有宏观理论上的认识,也有微观细致的研究;同时学院拥有一支优秀的多年担任商务汉语课程和编写对外汉语教材的教师。为满足社会商务汉语学习需求,在认真研讨和充分准备之后,编写组经过3年的努力,编写了一套系列商务汉语教材,定名为——新丝路商务汉语教程。

　　本套教程共22册,分三个系列。

　　系列一,综合系列商务汉语教程,8册。本系列根据任务型教学理论进行设计,按照商务汉语功能项目编排,循序渐进,以满足不同汉语水平的人商务汉语学习的需求。其中包括:

　　初级2册,以商务活动中简单的生活类任务为主要内容,重在提高学习者从事与商务有关的社会活动的能力;

　　中级4册,包括生活类和商务类两方面的任务,各两册。教材内容基本覆盖与商务汉语活动有关的生活、社交类任务和商务活动中的常用业务类任务;

高级2册,选取真实的商务语料进行编写,着意进行听说读写的集中教学,使学习者通过学习可以比较自由、从容地从事商务工作。

系列二,技能系列商务汉语教程,8册,分2组。其中包括:

第1组:4册,按照不同技能编写为听力、口语、阅读、写作4册教材。各册注意突出不同技能的特殊要求,侧重培养学习者某一方面的技能,同时也注意不同技能相互间的配合。为达此目的,技能系列商务汉语教材既有分技能的细致讲解,又按照商务汉语需求提供大量有针对性的实用性练习,同时也为准备参加商务汉语考试(BCT)的人提供高质量的应试培训材料。

第2组:4册,商务汉语技能练习册。其中综合练习册(BCT模拟试题集)2册,专项练习册2册(一本听力技能训练册、一本阅读技能训练册)。

系列三,速成系列商务汉语教程,6册。其中包括:

初级2册,以商务活动中简单的生活类任务为主要内容,重在提高学习者从事与商务有关的社会活动的能力;

中级2册,包括生活类和商务类两方面的任务。教材内容基本覆盖与商务汉语活动有关的生活、社交类任务和商务活动中的常用业务类任务;

高级2册,选取真实的商务语料进行编写,着意进行听说读写的集中教学,使学习者通过学习可以比较自由、从容地从事商务工作。

本套商务汉语系列教材具有如下特点:

1. 设计理念新。各系列分别按照任务型和技能型设计,为不同需求的学习者提供了广泛的选择空间。

2. 实用性强。既能满足商务工作的实际需要,同时也是BCT的辅导用书。

3. 覆盖面广。内容以商务活动为主,同时涉及与商务活动有关的生活类功能。

4. 科学性强。教材立足于商务汉语研究基础之上,吸取现有商务汉语教材成败的经验教训,具有起点高、布局合理、结构明确、科学性强的特点,是学习商务汉语的有力助手。

总之,本套商务汉语系列教材是在第二语言教材编写理论指导下完成的一套特点鲜明的全新商务汉语系列教材。我们期望通过本套教材,帮助外国朋友快速提高商务汉语水平,快速走进商务汉语世界。

新丝路商务汉语系列教材编写组
于北京大学勺园

新丝路商务汉语系列教材总目

新丝路商务汉语综合系列	李晓琪　主编
新丝路初级商务汉语综合教程 Ⅰ	章　欣　编著
新丝路初级商务汉语综合教程 Ⅱ	章　欣　编著
新丝路中级商务汉语综合教程(生活篇) Ⅰ	刘德联　编著
新丝路中级商务汉语综合教程(生活篇) Ⅱ	刘德联　编著
新丝路中级商务汉语综合教程(商务篇) Ⅰ	蔡云凌　编著
新丝路中级商务汉语综合教程(商务篇) Ⅱ	蔡云凌　编著
新丝路高级商务汉语综合教程 Ⅰ	韩　熙　编著
新丝路高级商务汉语综合教程 Ⅱ	韩　熙　编著

新丝路商务汉语技能系列	李晓琪　主编
新丝路商务汉语听力教程	崔华山　编著
新丝路商务汉语口语教程	李海燕　编著
新丝路商务汉语阅读教程	林　欢　编著
新丝路商务汉语写作教程	林　欢　编著
新丝路商务汉语考试阅读习题集	李海燕　编著
新丝路商务汉语考试听力习题集	崔华山　编著
新丝路商务汉语考试仿真模拟试题集 Ⅰ	李海燕　林　欢　崔华山　编著
新丝路商务汉语考试仿真模拟试题集 Ⅱ	李海燕　崔华山　林　欢　编著

新丝路商务汉语速成系列	李晓琪　主编
新丝路初级速成商务汉语 Ⅰ	蔡云凌　编著
新丝路初级速成商务汉语 Ⅱ	蔡云凌　编著
新丝路中级速成商务汉语 Ⅰ	崔华山　编著
新丝路中级速成商务汉语 Ⅱ	崔华山　编著
新丝路高级速成商务汉语 Ⅰ	李海燕　编著
新丝路高级速成商务汉语 Ⅱ	李海燕　编著

编写说明

适用对象

本教材是新丝路商务汉语教材速成系列的中级部分,是一部任务型的口语教材,分上下两册,每册10课,适合中等水平的汉语学习者使用。

编写原则

本教材上下两册均以任务型教学理论为指导,以功能项目为纲进行编排,希望学习者在学习之后,能运用所学知识完成相应的交际任务。教材所选内容均是生活和商务工作中常见的交际任务。上下册分工有所不同,上册选取的多是生活类任务,例如接打电话、预订宾馆、商场购物、银行业务、购买车票等;下册的项目基本以商务类任务为主,例如参观工厂、公司会议、介绍产品、询价报价、签订合同等。每课课文基本上由两篇对话和一篇短文组成,篇幅都不长,力求简短以便学习、掌握。

练习设计

本教材是一部任务型口语教材,旨在加强学生的口头表达和口语交际能力,练习设计紧紧围绕这一目的展开。

练习中的"练一练"从课文中提炼出多个重点项目,逐个进行强化练习,每一个项目下面除了课文中的例句之外还给出了多种表达方式,帮助学生扩展学习内容,练习在不同情况下使用不同的表达方式完成某一具体任务。练习中的"试一试"部分则在"练一练"的基础上,要求学生把所学的各个重点项目综合起来完成一个完整的交际任务。

此外,我们还针对商务汉语考试(BCT)的口语测试设计了限定时间和表达内容的个人陈述,一方面帮助考生适应、准备商务汉语考试,另一方面强化学习者的口语表达能力。

所需学时

我们建议每课5—6个学时,学完一册大概需要60个课时。

特别说明

商务汉语教材的编写必然涉及较多的专业知识,任务型教材的设计理念也要求力求真实,但是考虑到学习者的汉语水平及学习目的,我们对一些任务做了简化处理,加之编者商务专业知识有限,因此本书的缺漏与不足在所难免,我们真诚地希望使用者提出宝贵意见和建议。

致谢

在本教材编写的过程中,主编李晓琪教授就编写原则、大纲设计、练习方式以及许多细节问题都给予了悉心指导,北京大学出版社的孙娴编辑做了大量认真细致的工作,提出了很好的修改意见,在此一并致以衷心的感谢!

编者

目 录

第一课	参观工厂	1
第二课	我们开始开会	16
第三课	我对你们的新产品很感兴趣	31
第四课	贵公司的报价是多少	43
第五课	什么时候能交货	56
第六课	你们采用什么付款方式	67
第七课	你们打算怎么包装	82
第八课	我们想做贵公司的独家代理	95
第九课	我们什么时候签合同	106
第十课	我们向贵公司索赔50000美元	116
生词总表		127
专名总表		132
参考答案		133

第一课

参观工厂

1

厂长：欢迎大家到我们厂参观，我先领大家到处看一下，各位有什么问题尽管问。

客户：李厂长，您能给我们介绍一下贵厂的基本情况吗？

厂长：好。我们厂是1991年成立的，主要生产电子产品，现有职工1000多人，占地面积15万平方米。

客户：我们对贵厂的产品很感兴趣，想到车间看一看，了解一下你们的生产情况。

厂长：好的，生产车间在这边，旁边是我们的仓库，大家如果有兴趣我们一会儿去看一下。

（在车间）

厂长：我们厂一共有4个车间，这是最大的一个，也是机器设备最先进的。

客户：这条生产线是进口的还是国产的？

厂长：是前年从德国引进的。

客户：是全自动的吗？

厂长：是的，全部用电脑控制。引进这条生产线以后，我们的产量大大提高了。

客户：贵厂的设备很先进，工作环境也非常好，给我们留下了深刻的印象。

厂长：这次参观的目的就是让大家了解本厂的情况，希望我们有机会合作。

客户：我们也希望将来有机会和贵厂合作。

生词 New words

1. 领	lǐng	（动）	to lead, to guide
2. 尽管	jǐnguǎn	（副）	to feel free to
3. 基本	jīběn	（形）	basic
4. 占地面积	zhàndì miànjī		occupied area
5. 职工	zhígōng	（名）	staff and workers
6. 电子	diànzǐ	（名）	electronic
7. 车间	chējiān	（名）	workshop
8. 仓库	cāngkù	（名）	warehouse
9. 设备	shèbèi	（名）	equipment
10. 先进	xiānjìn	（形）	advanced
11. 生产线	shēngchǎnxiàn	（名）	production line
12. 引进	yǐnjìn	（动）	to introduce
13. 全自动	quánzìdòng	（形）	full-automatic
14. 控制	kòngzhì	（动）	to control
15. 产量	chǎnliàng	（名）	production, output
16. 深刻	shēnkè	（形）	deep

答一答 Let's answer

两人一组，根据课文内容回答问题。
Work in pairs. Ask and answer the following questions according to the text.
1. 这家工厂是什么时候成立的？面积是多少？
2. 这家工厂有多少职工？
3. 这家工厂的主要产品是什么？

第一课　参观工厂

4. 他们先去参观了什么地方？
5. 他们的生产线是什么时候、从哪个国家引进的？
6. 引进新的生产线以后产量提高了吗？
7. 参观完工厂后，客户觉得这家工厂怎么样？

填一填 Fill in the blanks

今天我们参观了一家生产（　　　）产品的工厂，厂长（　　　）着我们到处看了一下。我们对他们的产品很感兴趣，所以先到（　　　）了解生产情况。他们厂的设备很（　　　），前年从德国（　　　）了一条全自动（　　　），全部用电脑（　　　），大大提高了（　　　）。这次参观给我们留下了（　　　）的印象，我们希望将来有机会和他们合作。

练一练 Let's practise

一、基本情况 Basic information

1. 我们厂是1991年成立的，主要生产电子产品，现有职工1000多人，占地面积15万平方米。
2. 本公司成立于1982年，主要生产体育用品，现有员工800人，其中技术人员160人。
3. 我们公司成立于1960年，已经有近50年的历史了，主要从事进出口贸易/从事保险[1]业务/从事房地产[2]业务/从事银行业务，现有员工2000多人。

☆练习一 Exercise 1 ☆

企业名称	北京五星电器厂	主要产品或业务	家用电器
成立时间	1985年6月	员工人数	600人
企业地址	中国北京	占地面积	10万平方米

企业名称	美国国际贸易公司	主要产品或业务	进出口贸易
成立时间	1980年	员工人数	2000人
企业地址	美国纽约	占地面积	

---

[1] 保险　bǎoxiǎn　（名）　insurance
[2] 房地产　fángdìchǎn　（名）　real estate

1. 根据上面的材料,问一下同伴他们工厂或公司这几方面的情况。
   Using the materials above, ask your partner about his/her factory or company's information.
   （1）成立时间　　（2）主要产品/业务　　（3）职工人数　（4）占地面积

 提示 Hints

> A：贵公司/你们公司的主要业务是什么?
> B：我们公司主要生产各种办公用品。

2. 仿照课文介绍一下上面材料中工厂或公司的情况。
   Using the text as a model, give an introduction of the factory or company above.

二、具体介绍 Introducing in detail

> 1. 生产车间在这边,旁边是仓库。
> 2. 我们一共有4个车间,这是最大的一个,机器设备也是最先进的。
> 3. 这条生产线是从德国引进的,是全自动的/全部用电脑控制。
> 4. 这是我们的生产车间,旁边是加工[1]车间和包装[2]车间。
> 5. 对面是仓库,存放刚生产出来的产品。

☆练习二 Exercise 2 ☆

1. 读上面的句子。
   Read the sentences above.
2. 不看上面的句子,两人一组做下面的问答练习。
   Practice in pairs without looking at the key points above.
   （1）你们的机器设备是进口的吗?
   （2）你们的生产线是国产的还是从国外引进的?
   （3）办公楼旁边那两座建筑是什么?

三、"贵"的用法 Usage of the word "贵"

> 1. 您能给我们介绍一下贵厂的基本情况吗?
> 2. 我们对贵公司的产品很感兴趣。
> 3. 贵厂的设备很先进。

---

[1] 加工　jiāgōng　（动）　to process
[2] 包装　bāozhuāng　（动）　to pack

第一课　参观工厂

☆练习三 Exercise 3 ☆
不改变原来的意思,用"贵"说一说下面的句子。
Paraphrase the following sentences with "贵".
(1)你们公司是什么时候成立的?
(2)非常高兴有机会和你们银行合作。
(3)你们学校的学生都很优秀,希望他们毕业后能来本公司工作。
(4)本行和你们国家的很多公司都有业务往来,我们合作得很愉快。

四、参观完毕 After visiting the company

1. 贵厂的设备很先进,工作环境也非常好,给我们留下了深刻的印象。
2. 贵厂的产品和生产管理都给我们留下了深刻的印象,希望我们以后有机会合作。
3. 谢谢您陪同我们参观,通过您的介绍,我们对贵厂的生产和产品都有了一定的了解,希望我们以后有机会合作。

☆练习四 Exercise 4 ☆
1. 读上面的句子。
   Read the sentences above.
2. 不要看上面内容,两人一组做问答练习。
   Practice in pairs without looking at the key points above.

提示 Hints

(一)
厂长:您对我们工厂的印象怎么样?
客户:……

(二)
厂长:请您多提宝贵意见。
客户:……

试一试 Let's try

1. 你是课文中的厂长,给客户介绍一下生产车间的情况,要求使用后面的词语并说明以下三方面内容:
   Play the role of the factory director in our text. Give an introduction of the workshop to the customer. You should cover the following three aspects and the key words:
   (1)工作环境　(2)设备情况(先进)　(3)生产线(引进、自动、控制、产量)
   时间:2分钟
   Time limit: 2 minutes

2. 你是一家汽车配件[1]厂的办公室主任,领客户参观工厂。请你给他们介绍一下工厂的情况,要求包括以下内容:

You are the office director of an automobile spare parts factory. A customer is visiting the factory and you are in charge of introducing two aspects of the factory given below:

（1）工厂的基本情况　　　　　（2）工厂的主要建筑

 提示 Hints

首先,我给大家简单介绍一下我们厂的情况。我们厂……(成立时间),……(主要产品),其中技术人员……,……(职工人数)。
下面,我带大家到处看一看。这是我们的办公楼,对面是……,旁边……

2

（参观样品室）

厂　长：为了让大家更好地了解我们的产品,我再带大家去样品室看看。

客　户：你们的产品种类真不少,这都是今年的新产品吗?

厂　长：是啊,这批产品是3月份上市的,旁边那些6月份刚上市。

客　户：贵厂的产品设计很新颖。

厂　长：这都是我们研发部自己设计的,与众不同,很受客户欢迎。去年我们的国内市场占有率为20%,排在全国第二位。

客　户：真了不起！贵厂的产品出口吗?

厂　长：有一部分产品出口,主要销往日本、韩国和东南亚,最近我们正在开发北美市场。

客　户：你们的年销售额是多少?

---

[1] 配件　pèijiàn　（名）　part, fittings (of a machine)

第一课　参观工厂

厂长：去年的销售额是6200万元，引进新生产线后，今年的销售额将达到8000万元左右。

客户：很不错。这次参观我们收获很大。

厂长：那太好了！欢迎贵公司到我们厂订货。

生词 New words

1.	样品	yàngpǐn	（名）	sample
2.	种类	zhǒnglèi	（名）	kind, type
3.	上市	shàng shì		to appear on the market
4.	设计	shèjì	（动）	to design
5.	新颖	xīnyǐng	（形）	original, novel
6.	研发部	yánfābù	（名）	research and development dept.
7.	与众不同	yǔ zhòng bùtóng		out of the ordinary
8.	占有率	zhànyǒulǜ	（名）	(market) share
9.	开发	kāifā	（动）	to develop
10.	销售额	xiāoshòu'é	（名）	sales volume
11.	收获	shōuhuò	（名）	gains
12.	订货	dìng huò		to order goods

答一答 Let's answer

两人一组，根据课文内容回答问题。
Work in pairs. Ask and answer the following questions according to the text.

1. 他们现在正在参观什么地方？
2. 这些产品是什么时候上市的？
3. 客户觉得这些产品怎么样？
4. 这些产品是哪儿设计的？
5. 他们工厂的产品市场占有率是多少？
6. 他们的产品出口到哪些国家和地区？
7. 他们的年销售额是多少？

填一填 Fill in the blanks

参观了生产车间以后我们又参观了（　　　　）室，这里的产品

是今年3月和6月刚（　　　）的。他们厂的产品（　　　）很多，而且（　　　）很新颖。去年他们的国内市场（　　　）为20%，（　　　）第二位。厂长介绍说他们的一部分产品出口，现在正在（　　　）北美市场，去年的（　　　）是6200万元。这次参观我们（　　　）很大，对他们的生产和产品都很满意，我们打算以后从这家工厂（　　　）。

一、市场占有率 The market share

> 1.（我们的产品）很受客户欢迎，去年我们的国内市场占有率为20%，排在全国第二位。
> 2.我们厂生产的空调，去年市场占有率高达33%，居第一位。

☆练习一 Exercise 1 ☆
说明下面的图表。Describe the pie chart given below.

2003年国内手机市场占有率

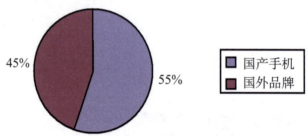

2007年全球手机市场占有率

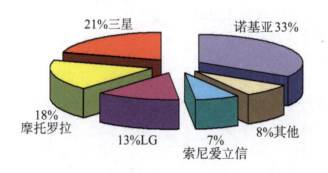

二、销售市场 The sales market

1. (本厂产品)主要销往日本、韩国和东南亚,最近我们正在开发北美市场。
2. 我们的产品出口日本、韩国、中东以及欧美部分国家和地区。
3. 本公司的产品主要销往国外,出口国家包括英国、意大利、西班牙、德国等。

☆练习二 Exercise 2 ☆

1. 读上面的句子。
   Read the sentences above.
2. 根据下面的提示,两人一组做对话练习。
   Practice in pairs according to the hints below.

 提示 Hints

问:贵厂/贵公司的产品出口吗?
答:……

三、销售额、营业额 Sales figures, turnover

1. 你们的年销售额是多少?
2. 贵公司去年第四季度的营业额是多少?
3. 本厂去年的销售额是6200万元,今年第一季度的销售额是2000万元。

☆练习三 Exercise 3 ☆

1. 根据下面的图表问一下同伴他们公司各季度的营业额。
   Ask your partner about his/her company's turnover in a certain period. Use the cues in the table below.

东方家电有限公司2008年销售情况	
季度	营业额
第一季度	50万元
第二季度	100万元
第三季度	85万元
第四季度	70万元
总　　计	305万元

2. 下面是某公司2004年到2008年的销售情况表，请你用一段话说明这张图表。
Below is a bar chart of a company's sales figures from 2004 to 2008. Please describe the chart.

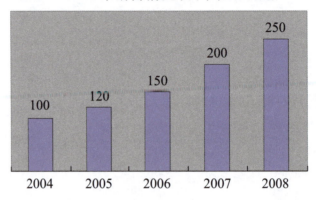

2004—2008年销售情况表（单位：万元）

提示 Hints

（1）xxxx年的销售额是……，比xxxx年增长了xx%。
（2）xxxx年的销售额是……，和xxxx年相比增长了xx%／x万元。
（3）xxxx年的销售额是……，是xxxx年的x倍／和xxxx年比增长了x倍。

试一试 Let's try

你是课文中的厂长，用一段话向客户介绍一下工厂的产品情况，要求说明下列内容：
Play the role of the factory director in our text. Introduce the products of your factory to the customer, covering the following points:
（1）设计上的特点　　（2）市场占有率　　（3）出口情况　　（4）年销售额

提示 Hints

各位，下面我们要参观的是本厂的样品室，这里展出了我们这两年的产品，我给大家介绍一下。我们的产品……（研发部），……（新颖、与众不同），在市场上很受欢迎，……（市场占有率、居）。本厂的产品有一部分出口国外，……（销往），今年我们正在……（开发）。我们的销售情况很好，去年……（6200万元）。

第一课　参观工厂

3

　　北京时代汽车有限公司成立于1982年,是一家中外合资企业,主要生产各类轿车和汽车配件,产品销往欧洲、美洲、澳洲、东南亚等100多个国家和地区。公司有员工1.5万人,占地面积300多万平方米。本公司有一流的技术和设备,有先进的全自动化生产线,年生产能力为50万辆,2005年销售30万辆,销售额达500亿元人民币。本公司在香港设立了分公司,在美国、日本、欧洲等地设立了办事处。关于公司的详细情况请浏览我们的网站www.timesauto.com。

生词 New words

1. 有限公司	yǒuxiàn gōngsī		limited company
2. 合资	hézī	(动)	joint venture
3. 企业	qǐyè	(名)	enterprise
4. 轿车	jiàochē	(名)	car
5. 配件	pèijiàn	(名)	part, fittings (of a machine)
6. 一流	yīliú	(形)	first-class
7. 技术	jìshù	(名)	technology
8. 设立	shèlì	(动)	to set up, to establish
9. 分公司	fēngōngsī	(名)	branch company
10. 办事处	bànshìchù	(名)	office, agency
11. 详细	xiángxì	(形)	detailed
12. 浏览	liúlǎn	(动)	to browse

答一答 Let's answer

两人一组,根据课文内容回答问题。
Work in pairs. Ask and answer the following questions according to the text.
1. 这家公司是一家外国企业吗?
2. 这家公司主要生产什么?
3. 他们的产品主要销往哪儿?
4. 2005年他们的销售量是多少?销售额是多少?

5. 这家公司的分公司在什么地方？他们在美国有分公司吗？

填一填 Fill in the blanks

根据课文内容填写下面的表格。
Fill in the blanks according to the text.

公司名称		成立时间	
员工人数		企业性质	中外合资
产品或业务		销售市场	
年销售量		年销售额	
公司网站	www.timesauto.com		

练一练 Let's practise

企业性质 Enterprise's attributes

> 1. 北京时代汽车有限公司成立于1982年，是一家中外合资企业。
> 2. 本公司是一家外资企业，主要生产各类体育用品。
> 3. 本公司是世界著名的跨国公司[1]，总部(设)在纽约，在国外有10家子公司。
> 4. 我们是韩国最大的电子公司之一，在"世界500强"中排在第20位。

☆练习 Exercise ☆
1. 读上面的句子，熟悉介绍企业性质的词语。
   Read the sentences above and learn the key words and phrases.
2. 用一句话介绍一下你们公司的性质，可以参考下面的词语。
   Give a brief introduction of your company's attribute. Refer to the words below.
   外资公司　　国有企业(大型国有企业)　　合资企业(中外合资公司)
   跨国集团　　世界著名的家电公司

试一试 Let's try

1. 根据课文内容介绍北京时代汽车有限公司，要求说明下列内容：
   Give an introduction of Beijing Times Auto Co., Ltd., covering the following aspects:
   (1) 公司性质　　　　　　　　(2) 成立时间(1982年)
   (3) 员工人数(1.5万)　　　　　(4) 占地面积(300多万平方米)

---

[1] 跨国公司　kuàguó gōngsī　transnational corporation

第一课　参观工厂

(5) 产品和市场(欧洲、美洲、澳洲、东南亚)
(6) 分公司(香港)和办事处(欧洲、美国、日本)
时间：2分钟
Time limit: 2 minutes

2. 模仿课文介绍一下儿下面的公司。
   Give an introduction of the companies below or your company. Follow the text as the model.
   (1) 奔驰公司(Benz)

公司名称	奔驰公司	成立时间	1926年
员工人数	360385人	企业性质	跨国公司
总部	德国斯图加特	子公司	德国6个，国外23个
主要产品	轿车、客车、载重汽车	年销售量	轿车：3906500辆 商用车：842000辆
年销售额	1861.06亿美元	其他情况	2006年世界500强企业第7位

*以上主要为2006年数据

提示 Hints

> 奔驰公司是世界十大汽车公司之一，在2006年美国《财富》杂志公布的世界500强企业中排在第7位。……

(2) 微软公司(Microsoft Corporation)

公司名称	微软公司	成立时间	1975年
员工人数	60000人左右	创始人	比尔·盖茨
总部	美国雷德蒙德	分公司	约100个国家和地区有分公司或办事处
主要产品	电脑软件	年营业额	397.88亿美元
其他情况	全球最大的电脑软件公司；2006年世界500强企业第140位		

(3) 你所在的或感兴趣的公司

商务知识 Commerce knowledge

一、企业性质 Enterprise's attribute

在中国境内的企业按照性质的不同,主要可以分为以下几类:

名称	特点
国有企业 state-owned enterprise	资本全部或主要由国家投入,其全部资产或主要股份归国家所有。
集体企业 collective enterprise	企业资产属于集体所有,按成立企业主体的不同可以分为城镇集体企业和乡村集体企业。
私营企业 private enterprise	个人投资或控股的企业。
中外合资企业 Chinese-foreign joint venture	外国的企业或个人在中国境内与中国企业共同投资成立、共同经营管理的企业,外国投资者的投资比例一般不低于25%。
中外合作企业 Chinese-foreign cooperative venture	外国的企业或个人与中国企业共同成立和经营的企业,合作形式多样,现金、实物、土地使用权等都可以作为投资或合作的条件,双方按合同规定而不是按投资比例分配收益。
外商独资企业 foreign-funded enterprise	也叫"外资企业",企业全部资本均由外国投资者提供,由外商直接经营管理。

二、子公司与分公司 Subsidiary company and branch company

子公司与分公司是两个不同的概念,子公司相对于母公司而言,分公司相对于总公司而言,我们用下面的表格进一步说明二者的不同之处:

	子公司 subsidiary company	分公司 branch company
相对的概念	母公司(parent company)	总公司(head office)
相对关系	具有独立性,母公司不能直接指挥子公司的经营	人事、业务、财产都受总公司直接控制
法律地位	是独立的企业法人,独立承担法律责任	没有独立的法律地位,只是总公司的分支
企业名称	有自己的公司名称	一般把总公司名称放在前面,不是真正意义上的公司
财产方面	财产与母公司的财产彼此独立	没有独立的财产,其财产是总公司财产的一部分

第一课 参观工厂

2009 年世界500强企业（1—25名）
2009 World's Top 500 Enterprises (1–25)

	公司名称	中文名称	总部所在地	主要业务
1	Royal Dutch/Shell Group	皇家壳牌石油	英国/荷兰	炼油
2	Exxon Mobil	埃克森美孚公司	美国	炼油
3	Wal-Mart Stores	沃尔玛百货公司	美国	一般商品零售
4	BP	英国石油公司	英国	炼油
5	Chevron Texaco	雪佛龙德士古公司	美国	炼油
6	Total	道达尔公司	法国	炼油
7	Conoco Phillips	康菲公司	美国	炼油
8	ING Group	荷兰国际集团	荷兰	人寿健康保险
9	SINOPEC	中国石化集团	中国	炼油
10	Toyota Motor	丰田汽车公司	日本	汽车与零件
11	Japan post Holdings	日本邮政	日本	邮政服务
12	General Electric	通用电气公司	美国	多元化公司
13	China Natural Petroleum	中国石油天然气	中国	炼油
14	Volkswagen	大众汽车	中国	汽车
15	State Gird	国家电网	中国	公用事业
16	Dexia Group	德克夏银行	比利时	银行
17	ENI	埃尼	意大利	炼油
18	General Motors	通用汽车	美国	汽车
19	Ford Motor	福特汽车	美国	汽车
20	Allianz	安联	德国	保险
21	HSBC Holdings	汇丰控股	英国	银行
22	Gazprom	俄罗斯天然气工业	俄罗斯	能源
23	Daimler	戴姆勒	德国	汽车
24	BMP Paribas	法国巴黎银行	法国	银行
25	Carrefour	家乐福	法国	食品、药品店

第二课

我们开始开会

1

（公司售后服务部的经理和员工正在开会）

主持人：大家好，我们开始开会。今天的会议有两个议题：一是讨论近期出现的售后服务的问题；二是安排下半年的工作计划。下面先请李经理谈一谈售后服务的问题。

李经理：最近我们接到一些投诉电话，顾客对我们的售后服务很不满意。公司希望我们部门能尽快解决这个问题。

主持人：下面请大家自由发言，说说自己的看法。

小　李：我们对公司的新产品不太了解，不能及时解决顾客遇到的问题，所以顾客意见比较大。

主持人：这是一个很重要的原因，大家有什么解决办法吗？

小　王：我认为可以请研发部的同事每周给我们做一次报告，介绍公司的新产品。

李经理：这个办法很好，会后我和研发部经理商量一下。

小　刘：我们只有两部服务热线电话，常常占线，顾客的电话打不进来。

第二课　我们开始开会

主持人：这也是顾客不满的一个重要原因，我记下来了。小张，你有什么意见吗？

小　张：我觉得最重要的一点是我们缺乏服务意识，以为产品卖出去了任务就完成了。

李经理：我非常同意小张的看法。很多员工没有认识到售后服务的重要性，不知道售后服务也是销售的一部分，以为是在帮顾客的忙。

主持人：大家的发言都很好。下次会议我们专门讨论售后服务的重要性。由于时间关系，今天售后服务的问题就讨论到这儿，下面我们讨论下一个问题。

生词 New words

1. 售后服务	shòuhòu fúwù		after-sale service
2. 主持人	zhǔchírén	（名）	host
3. 议题	yìtí	（名）	objective, topic
4. 投诉	tóusù	（动）	to complain
5. 尽快	jǐnkuài	（副）	as soon as possible
6. 发言	fā yán		to make a statement
7. 热线	rèxiàn	（名）	hot line
8. 缺乏	quēfá	（动）	to lack
9. 意识	yìshi	（名）	consciousness, awareness
10. 重要性	zhòngyàoxìng	（名）	importance

答一答 Let's answer

两人一组，根据课文内容回答问题。
Work in pairs. Ask and answer the following questions according to the text.
1. 他们今天开会讨论什么问题？
2. 他们部门出现了什么问题？
3. 小李认为问题的原因是什么？大家认为该怎么解决？
4. 小刘认为问题的原因是什么？
5. 小张认为问题的原因是什么？
6. 李经理认为问题的原因是什么？

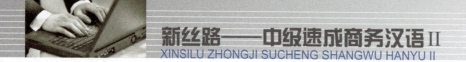

填一填 Fill in the blanks

根据课文内容填写下面的表格。
Fill in the blanks according to the text.

公司会议记录[1]

时间	2009年3月12日	地点	公司第三会议室
主持人	赵国安(副经理)	记录	白云
出席人	( )		
议题	( )		
发言	李经理：公司最近接到(　　　　)电话,顾客对(　　　　)不满意,公司希望能(　　　　)解决问题。 小　李：员工不了解新产品,不能及时解决顾客的问题。 小　王：建议请(　　　　)的同事每周来做一次报告,介绍新产品。 李经理：会后和研发部经理商量。 小　刘：客户服务部只有两部(　　　　)电话,经常(　　　　)。 主持人：这是一个很重要的原因。 小　张：员工缺乏(　　　　)。 李经理：同意小张的意见,一些员工没有认识到售后服务的(　　　　)。 主持人：…… (第二个议题) …… ……		

练一练 Let's practise

一、开场白 The opening speech

1. 大家好,我们开始开会。今天的会议有两个议题：一是讨论售后服务的问题；二是安排下半年的工作计划。
2. 我们开会吧。参加今天会议的是我们售后服务部的全体员工,我们今天主要讨论售后服务的重要性。下面请大家自由发言。
3. 大家好,我们开始吧。今天把大家请来主要是讨论一下明年的工作计划。

---

[1] 记录　jìlù　(名)　record, minutes

第二课　我们开始开会

☆练习一 Exercise 1 ☆
1. 读上面的句子，了解会议的开场白。
   Read the sentences above and learn how to make the introductory remarks.
2. 如果你是下面会议的主持人，你首先应该说什么？
   You are running a meeting mentioned below. What should you say at the very beginning?
   （1）公司各部门经理参加的讨论销售问题的会议
   （2）研发部关于开发新产品和向售后服务部介绍产品的会议

二、请人发言 Asking somebody to make a speech

1. 下面先请李经理谈一谈售后服务的问题。
2. 李经理，你先说一说售后服务的问题好吗？
3. 下面请李经理给大家介绍一下去年的销售情况。
4. 下面请大家自由发言。

☆练习二 Exercise 2 ☆
结合上面的练习一，作为会议主持人，请你说两段话介绍以下情况。
Making references to Exercise 1.2, you run the meeting. Cover the following issues.
（1）参加会议的人员　　（2）会议的议题　　（3）请某人发言

三、总结 Summarizing

1. 大家的发言都很好。由于时间关系，今天有关售后服务的问题就讨论到这儿，下面我们讨论下一个问题。
2. 如果大家没有意见，第一个议题就讨论到这儿，下面我们安排一下明年的工作计划。

☆练习三 Exercise 3 ☆
你是会议主持人，在下面的会议上结束第一个议题开始第二个议题。
You are running the following meetings. How do you close an item and move on to the next one?
（1）议题一：开发新产品；议题二：向售后服务部的同事介绍产品
（2）议题一：销售问题；议题二：产品出口问题

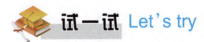
试一试 Let's try

四个人一组开一个部门会议，讨论如何增加产品销售量的问题，主持人按照上面练习的内容组织大家发言。增加销售量可以从下面几个方面考虑：

Work in groups of four. Hold a department meeting to discuss how to increase the company's sales. The meeting host should organize the speeches. Use the cues given below:

(1) 做广告(电视、网站、报纸、户外)
(2) 降低价格或搞促销活动[1]
(3) 提高售后服务的质量

提示 Hints

> 主持人：我们开会吧。……（开场白）
> 员工一：我认为……（自己的意见）
> 主持人：××的意见很好，值得考虑。……（请其他人发言）
> 员工二：……
> ……
> ……
> 主持人：……（总结或提出自己的问题）

2

（公司销售部正在开会讨论销售问题）

王经理：明年的工作计划我们就讨论到这儿，下面讨论第二个议题：如何增加我们的销量。请大家谈谈自己的看法。

小　赵：现在市场竞争很激烈，我认为可以考虑降价销售，用低价格来吸引消费者。

小　陈：我不主张和对手打价格战。我们的价格已经很低了，如果再降，即使销量增长了，利润也不会增长。

小　孙：我也反对打价格战，我们降价对手也会跟着降价，最后的结果是两败俱伤，对谁都没有好处。

---

[1] 促销活动　cùxiāo huódòng　sales promotion

第二课　我们开始开会

小　赵：你们说得都很有道理，可是现在我们的竞争对手已经降价了，我们没有选择。

小　陈：现在消费者选择产品并不是完全根据价格，而是根据性价比，包括质量、设计和服务等，我们应该在这些方面多想想办法。

小　孙：小陈说得很对，市场上最受欢迎的不是最便宜的产品而是性价比高的产品。

小　赵：我保留我的意见，如果不直接降价也可以考虑搞一些促销活动。

王经理：看来大家的看法不太一样，下次会议再讨论。没有其他问题的话，今天的会就到这儿，散会。

生词 New words

1. 增加　　　zēngjiā　　　（动）　to increase
2. 竞争　　　jìngzhēng　　（动）　to compete
3. 激烈　　　jīliè　　　　（形）　fierce
4. 降价　　　jiàng jià　　　　　to reduce the price
5. 吸引　　　xīyǐn　　　　（动）　to attract
6. 消费者　　xiāofèizhě　　（名）　consumer
7. 主张　　　zhǔzhāng　　　（动）　to claim, to argue
8. 价格战　　jiàgézhàn　　　（名）　price war
9. 利润　　　lìrùn　　　　（名）　profit
10. 两败俱伤　liǎng bài jù shāng　　　ruinous to both sides
11. 性价比　　xìngjiàbǐ　　　（名）　performance-price ratio
12. 保留　　　bǎoliú　　　　（动）　to preserve
13. 促销　　　cùxiāo　　　　（动）　to promote
14. 散会　　　sàn huì　　　　　　　a meeting is over

答一答 Let's answer

两人一组，根据课文内容回答问题。
Work in pairs. Ask and answer the following questions according to the text.
1. 他们刚才讨论了什么问题？现在正在讨论什么问题？
2. 小赵认为怎么做才能增加销量？
3. 小陈同意小赵的看法吗？他的理由是什么？

4. 小孙有什么看法?
5. 消费者选择产品的时候最关心的是什么?
6. 小陈认为应该怎么做?小赵同意他的做法吗?

填一填 Fill in the blanks

今天我们部门开会讨论了明年的工作计划和怎么(　　)销量的问题,大家对第二个议题的看法不太一样。

小赵认为现在市场竞争很(　　),只有低价格才能(　　)消费者,他认为应该(　　)或者搞一些(　　)活动。小陈和小孙不主张打(　　),他们认为现在的价格已经很低了,再降价会影响公司的(　　),而且价格战的结果是(　　),对谁都没有好处。他们认为(　　)选择产品主要考虑的是(　　),包括产品的质量、设计和服务等等,公司应该在这些方面多想办法。

我让他们下次会议再讨论,不管是什么办法,只要能增加销量、实现利润就是好办法。

练一练 Let's practise

一、会议发言 Making a speech

（一）说明意见 Stating an opinion

> 1. 我先说说我的看法,我认为可以考虑降价销售,用低价格来吸引消费者。
> 2. 我说一下我的意见,我认为应该降低价格。

（二）表示同意 Expressing agreement

> 1. 小王说得很有道理/说得很对。
> 2. 我(完全)同意小王的意见。

（三）表示反对 Expressing objection

> 1. 我反对/不主张和对手打价格战。
> 2. 我反对小王的看法。
> 3. 你们的看法我不敢苟同。
> 4. 我保留我的意见。

第二课　我们开始开会

☆练习一 Exercise 1 ☆

在讨论如何增加销量的会议上,请你发言说明你的看法或者对别人的意见表示同意或反对,参考下面的提示完成对话。

State your opinion in the meeting about how to increase the company's sales. You also need to express agreement or disagreement with others. Refer to the hints below and complete the conversation.

 提示 Hints

（一）

A：今天请大家来主要是讨论怎么增加产品的销量,下面请大家说说自己的看法。
B：……(自己的意见)

（二）

A：我认为价格战的结果会是两败俱伤,我们应该在产品的质量、设计和服务上想办法。
B：……(a. 同意 b. 反对)

二、结束会议 Making closing remarks

1. 没有问题的话,今天的会就(开)到这儿,散会。
2. 大家还有什么问题吗？没有是吗？散会。
3. 今天的会议就到此结束吧。

☆练习二 Exercise 2 ☆

1. 读上面的句子。

    Read the sentences above.

2. 根据下面的提示结束会议。

    End the meeting. Use the hints below.

 提示 Hints

主持人：今天我们主要讨论了两个问题,一是下个月的促销活动,二是下半年的工作计划。大家都谈了自己的看法,很多意见都非常好,非常感谢大家！……

23

试一试 Let's try

1. 课文中几个人谈了他们对价格战的看法。现在请你说说你的意见,要求说明下列内容:

   The text has a few persons' opinions about the price war. Please state your opinion covering the following aspects:

   (1) 你的看法(同意、反对)
   (2) 理由

   时间:1分30秒
   Time limit: 1 minute and 30 seconds

2. 你们是一家生产体育用品的公司,正在开会讨论是否要开发中国市场。大家有不同的意见,四个人一组表演这段对话。

   Work in groups of four. Your company produces sports commodities. But everyone has his/her own opinion about the developing China market. Now create the conversation.

   (1) 主持人说明会议的议题、总结大家的发言
   (2) 发言人说明自己的看法和理由
   (3) 注意使用练习过的语句,如"不主张"、"保留意见"、"说得很有道理"等

 提示 Hints

> a. 销售量和市场方面——中国人口众多,市场很大
> b. 竞争对手情况——很多公司都在开发中国市场,竞争激烈
> c. 产品方面——公司的产品和竞争对手比怎么样
> d. 价格方面——消费者喜欢物美价廉的产品

3

(在部门经理会议上,销售部经理正在发言)

下面我给大家介绍一下第一季度的销售情况。第一季度是电脑销售的淡季,不过今年我们的销售情况不错。

1—3月份,台式电脑总销量为20万台,和上一季度基本持平,同比增长22%。由于笔记本电脑价格逐渐下降,销量直线上升,达到了

第二课　我们开始开会

12万台,和上一季度相比增长30%,和去年同期相比增长150%。第一季度的总销售额为36亿元人民币,同比增长40%。

目前,我们的国内市场占有率为22.7%,超过了老对手长城电脑,仅次于戴尔电脑,排在第二位。戴尔电脑和长城电脑的市场占有率分别为29%和18%。

生词 New words

1.	季度	jìdù	（名）	quarter
2.	淡季	dànjì	（名）	off-season, low season
3.	台式电脑	táishì diànnǎo		desktop computer
4.	持平	chípíng	（动）	to remain the same
5.	同比	tóngbǐ	（动）	compared with the corresponding period last year
6.	上升	shàngshēng	（动）	to rise
7.	超过	chāoguò	（动）	to overtake
8.	仅次于	jǐn cì yú		to be second only to
9.	分别	fēnbié	（副）	respectively

专名 Proper noun

1. 长城电脑　　Chángchéng Diànnǎo　　computer brand
2. 戴尔电脑　　Dài'ěr Diànnǎo　　computer brand

答一答 Let's answer

两人一组,根据课文内容回答问题。
Work in pairs. Ask and answer the following questions according to the text.
1. 谁正在会议上发言？他的发言内容是什么？
2. 第一季度台式电脑的销量是多少？和以前的销售情况相比怎么样？
3. 笔记本电脑销量增加的原因是什么？
4. 第一季度笔记本电脑的销量是多少？和以前相比怎么样？
5. 他们公司第一季度的总销售额是多少？和去年第一季度相比增长了多少？

6. 介绍一下戴尔电脑、长城电脑和他们公司在中国市场上的占有率和排名。

填一填 Fill in the blanks

根据课文内容填写下面的表格。
Fill in the blanks according to the text.

	数量	和上一季度相比	和去年同期相比
台式电脑销量			
笔记本电脑销量			
总销售额			

说一说 Let's talk

你是这家公司的销售部经理，根据上面的表格介绍公司第一季度的销售情况。
You are the sales manager of this company. Give an introduction of the sales figures in the first quarter. Use the information in the box above.

提示 Hints

A：下面请销售部经理给大家介绍一下公司第一季度的销售情况。
B：……

 练一练 Let's practise

一、数量的增减 Increase and decrease

1. 台式电脑总销量为20万台，和上一季度基本持平。
2. 台式电脑总销量为20万台，同比增长22%。
3. 台式电脑总销量为20万台，和上一季度相比增长/下降30%。
4. 台式电脑总销量为20万台，与上一季度相比增长了10万台/一倍。
5. 笔记本电脑的销量直线上升/下降。

☆练习一 Exercise 1☆

1. 下面的图表是某公司第一季度的电脑销售情况。请使用词语"持平""增长"说明一下该情况。
   Describe the following table, which shows a computer company's sales figures in the first quarter. Use the words "持平" and "增长".

第二课　我们开始开会

月份	一月	二月	三月
销量	5万台	5万台	10万台

 提示 Hints

一月份的电脑销量为5万台，……

2. 请你用"持平、直线上升、直线下降"说明下面的公司利润表。
   Use "持平、直线上升、直线下降" to illustrate the company's Income Statement below.

   表一　　　2008年1—3季度公司利润增长表

   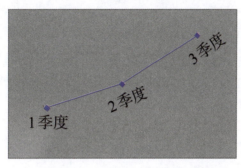

   例：2008年第一季度到第三季度公司的利润直线上升。

   表二　　　2008年1—3季度公司利润增长表

   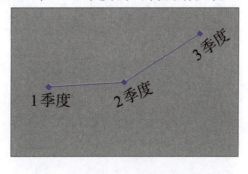

   表三　　　2008年1—3季度公司利润增长表

   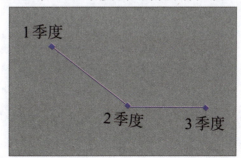

27

表四　　　　2008年1—3季度公司利润增长表

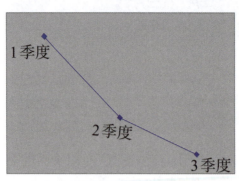

二、"分别"的用法 Usage of the word "分别"

1. 戴尔电脑和长城电脑的市场占有率分别为29%和18%。
2. 台式电脑和笔记本的销量分别为20万台和12万台。
3. 今年一月份和二月份的销售额与去年同期相比分别增长了10%、15%。

☆练习二 Exercise 2 ☆
用"分别"说明下面的图表。
Use "分别" to describe the table below.

表一

产品价格表			
产品	打印机	传真机	复印机
价格	6000元	3100元	16500元

表二

利润增长表		
时间	2004年	2005年
利润	5000万元	6000万元
同比增长	15%	20%

试一试 Let's try

你是科达公司的市场部经理,在公司会议上给大家介绍你们公司和另外两个主要竞争对手东方公司、天河公司的国内市场占有率情况,要求说明下列内容:
You are the manager of the marketing department of Keda Company. Compare your company's market shares with two rival companies-Dongfang Company and Tianhe Company. Please cover the following aspects in your speech:
(1)三家公司两年的市场占有率
(2)三家公司两年的排名情况
(3)你们公司市场占有率和排名的变化

第二课　我们开始开会

时间：3分钟
Time limit: 3 minutes

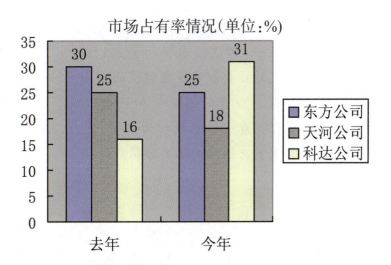

 Commerce knowledge

一、促销活动的种类 Type of sales promotion

促销种类	说明	举例
打折	消费者都想买便宜的东西,因此很多商家都用降价的方法吸引顾客。这是商场、超市用的最多的促销方法之一,可以在短期内增加产品的销量。打折常选择节假日、换季或商店、公司周年纪念日进行。	春节期间本商场所有服装一律8折!
返券	消费者购物金额达到一定额度即返还一定数量的代金券,可在指定的商店代替现金使用。	凡在本店消费满100元即返60元。
抽奖	消费者购买指定的产品或消费达到一定的金额可以参加抽奖活动。消费者想试试自己的运气,如果奖品有吸引力,这种促销手段会达到很好的效果。	一天之内消费满3000元即可参加抽奖活动,一等奖为笔记本电脑一台。
免费试用	消费者可以免费品尝新包装、新口味的食品或免费试用新产品。新产品开发市场的时候经常采用这种促销手段。	免费品尝新口味的果汁;商场的化妆品柜台免费试用香水。

29

(续表)

促销种类	说明	举例
赠送	有多种形式,常见的有买一赠一、买三赠一;赠送小价值的商品;增加一定的钱数即可获赠超值的商品。	购买一套房子赠送全部家电。
有奖竞赛	利用消费者的好奇心和好胜心吸引他们参加趣味或智力比赛,其内容大多与销售产品的公司或产品。	喝啤酒比赛;关于公司产品知识的问答比赛。

二、"同比"与"环比" The word "同比" and "环比"

"同比"就是跟上一年同一时期相比较,例如2008年12月与2007年12月相比较。"环比"是和上一个统计周期相比较,例如2008年12月与2008年11月相比较。

例句:

(1) 2008年上半年我国GDP为130619亿元,同比增长10.4%。

(2) 2008年9月,时代汽车公司一共销售了51228辆汽车,环比增长27.3%。

(3) 受经济危机的影响,今年第三季度我们公司的利润同比下降5%。

(4) 2008年11月份,全国70个大中城市房价格同比上涨0.2%,环比下降0.5%。

第三课

我对你们的新产品很感兴趣

1

（北京五星电器集团王经理正在给美国国际贸易公司的史密斯先生打电话）

王经理：史密斯先生，你好！我想向贵公司推荐一款我们新研发的冰箱。

史密斯：好啊，这款冰箱有什么特点？是什么时候上市的？销售情况怎么样？

王经理：这款冰箱上市两个月了，因为节能环保、设计人性化，很受消费者欢迎。

史密斯：是环保冰箱啊，我很感兴趣，您能给我详细介绍一下吗？

王经理：这款冰箱采用了先进的节能技术，和同类产品比能省电20%。

史密斯：哇，真了不起。光这一点就能吸引不少消费者。

王经理：除了节能，新冰箱还用电脑控制温度，这一技术也是目前最先进的。

史密斯：这应该也是受消费者欢迎的一个重要原因。

王经理：是的，另外，冰箱的设计也很人性化，可以显示时间，还可以及时提醒关冰箱门。

31

史密斯：你们的研发人员想得可真周到。有这么多优点，价格也不便宜吧？

王经理：和普通冰箱比，这款冰箱价格是高了一些，不过中国有句俗话说"一分钱一分货"。

史密斯：有道理。我对你们的新产品很感兴趣，您能给我寄一份产品目录和说明书吗？

王经理：没问题，欢迎贵公司前来订货。

生词 New words

1.	推荐	tuījiàn	（动）	to recommend
2.	款	kuǎn	（量）	kind
3.	节能	jiénéng	（动）	to save energy
4.	环保	huánbǎo	（形）	environment-friendly
5.	人性化	rénxìnghuà	（形）	human-oriented
6.	采用	cǎiyòng	（动）	to adopt, to use
7.	显示	xiǎnshì	（动）	to show, to display
8.	优点	yōudiǎn	（名）	advantage, merit
9.	目录	mùlù	（名）	catalog
10.	说明书	shuōmíngshū	（名）	manual, instruction

专名 Proper noun

1. 北京五星电器集团　　Běijīng Wǔxīng Diànqì Jítuán　　Beijing Wuxing Electronics Inc.
2. 美国国际贸易公司　　Měiguó Guójì Màoyì Gōngsī　　American International Trade Company

答一答 Let's answer

两人一组，根据课文内容回答问题。
Work in pairs. Ask and answer the following questions according to the text.
1. 王经理为什么给史密斯先生打电话？
2. 王经理公司的新产品是什么时候上市的？卖得怎么样？
3. 在节能省电方面，这款冰箱有什么特点？

第三课 我对你们的新产品很感兴趣

4. 在控制温度方面,这款冰箱的特点是什么?
5. 史密斯先生为什么说研发人员想得很周到?
6. 这款冰箱的价格怎么样?

填一填 Fill in the blanks

今天北京五星电器集团的王经理来电话(　　　)他们公司新研发的冰箱。这(　　　)冰箱刚(　　　)不久,最大的优点是(　　　),和同类产品比能省电20%。另外,设计也很(　　　),很受消费者欢迎。我对他们的新产品很感兴趣,请他们给我寄一份产品(　　　)和(　　　)。如果一切顺利,我想马上(　　　)。

练一练 Let's practise

一、市场情况 Sales information

(一)
A:你们的新产品是什么时候上市的?市场反映[1]怎么样?
B:这款冰箱上市两个月了,因为节能环保、设计人性化,很受消费者欢迎。

(二)
A:你们的新产品是什么时候上市的?销售情况怎么样?
B:这款汽车是今年1月份上市的,销售情况良好。

(三)
A:你们的新产品是什么时候上市的?销售情况怎么样?
B:这款手机刚刚上市,很畅销[2]/卖得很好/供不应求[3]。

☆练习一 Exercise 1 ☆
1. 两个人一组读上面的对话。
   Practice in pairs. Read the dialogue above.
2. 向客户推荐公司的新产品并介绍上市时间和销售情况。
   Promote the new product to your customer. You need to introduce the first time the product entered the market and its sales analysis.

---

[1] 反映　fǎnyìng　(名)　reflection
[2] 畅销　chàngxiāo　(动)　to sell well
[3] 供不应求　gōng bú yìng qiú　demand exceeds supply

> A：我向您推荐……
> B：……（问上市时间或销售情况）
> A：……

二、介绍产品 Products introduction

（一）技术方面 Technology

> 1. 这款冰箱采用了先进的节能技术，和同类产品比能省电20%。
> 2. 我们用电脑控制温度，这一技术是目前最先进的。
> 3. 我们的产品采用了最先进的（纳米[1]）技术，更加耐用。

☆练习二(一) Exercise 2.1 ☆
请介绍以下产品的技术特点。
Give an account of the product below.
（1）几乎没有噪音的空调
（2）上网速度更快的笔记本电脑
（3）采用了新的安全技术的汽车

（二）设计/功能方面 Design/function

> 1. 我们的设计很人性化，可以显示时间，可以提醒您关冰箱门。
> 2. 产品的设计新颖/美观大方/很时尚[2]。
> 3. 我们新上市的这款手机功能很多，可以上网、可以拍照、可以下载歌曲。

☆练习二(二) Exercise 2.2 ☆
请介绍以下产品的设计特色和主要功能。
Provide an account of the design and functions of the product below.
（1）多功能手机（通话录音、字典、计算器、闹钟）
（2）多功能复印机（打印、复印、传真、扫描）

（三）其他方面 Other aspects

> 1. 产品质量好、重量轻、体积小。
> 2. 本产品超轻超薄，携带方便。

---

[1] 纳米　nàmǐ　（量）　nanometer
[2] 时尚　shíshàng　（形）　fashionable

第三课　我对你们的新产品很感兴趣

3. 产品节能环保/绿色环保。

4. 本厂生产的电脑椅质量一流,结实[1]耐用。

☆练习二(三) Exercise 2.3 ☆

如果你向别人推荐下面的产品,怎么样介绍才能吸引消费者?试一试。

When marketing this product, what is necessary to catch the consumer's attention?

（1）数码相机　　（2）地板　　（3）电池

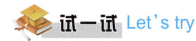 试一试 Let's try

1. 你是五星电器集团的销售部经理,在产品说明会上介绍课文中新研发的冰箱,要求说明下列内容:

You are the sales manager of Wuxing Electronics Inc. Give an account of the latest refrigerator at the exhibition of new products. The following aspects should be covered:

（1）产品的最大优点(节能省电)　　（2）技术上的特点(电脑控温)

（3）设计或功能上的特点

时间:2分钟

Time limit: 2 minutes

参考词语 Expressions for reference

先进、技术、同类产品、人性化、显示、提醒

 提示 Hints

> 大家好!下面我给大家介绍一下本公司新研发的冰箱。这款冰箱节能环保,……

2. 根据下面表格提供的材料,向客户推荐你们公司新上市的数码相机,要求说明下列内容:

Promote the new product to your customer. Use the cues in the box below. The following aspects should be covered:

（1）相机的最大特点(小、轻、薄、设计时尚)

（2）相机的基本参数(颜色、像素、电池、屏幕)

（3）相机的功能

时间: 3分钟

Time limit: 3 minutes

---

[1] 结实　jiēshi　(形)　tough

颜色	红色、白色、银色
重量	约170克
像素	1400万
电池	锂[1]电池[2]
屏幕	3英寸液晶屏幕[3]
其他功能	自拍、连拍、录像

提示 Hints

我向您推荐本公司新上市的K105相机,我相信您一定会喜欢。这款相机……

2

顾　　客：我想买只网球拍,您能给我推荐一款适合初学者用的吗?

售货员：我推荐您买这款王子牌N5球拍吧,它采用了先进的纳米技术,能更好地控制球的方向,很适合初学者使用,卖得非常好。

顾　　客：这款球拍用的是什么材料?

售货员：它用的是碳素纤维,和传统球拍相比,重量轻,结实耐用。

顾　　客：是很轻,样子也很漂亮,握在手里的感觉也不错。

售货员：另外,这款球拍的设计非常人性化,手柄用的是速干材料,不怕出汗,用起来很舒服。

顾　　客：要是不合适能退换吗?

---

[1] 锂　lǐ　(名)　lithium
[2] 电池　diànchí　(名)　battery
[3] 液晶屏幕　yèjīng píngmù　liquid crystal display (LCD)

第三课　我对你们的新产品很感兴趣

售货员：当然可以，七天之内可以退货，一个月之内免费更换。

顾　　客：那我就放心了。

售货员：因为是知名品牌，售后服务您不用担心，一年之内如果有质量问题，厂家免费为您修理，一年以后只收取材料费。

顾　　客：谢谢您给我介绍了这么多，我决定买这款。

生词 New words

1. 初学者	chūxuézhě	（名）	beginner
2. 纳米	nàmǐ	（量）	nanometer
3. 材料	cáiliào	（名）	material
4. 碳素纤维	tànsù xiānwéi		carbon fiber
5. 传统	chuántǒng	（形）	traditional
6. 结实	jiēshi	（形）	tough
7. 耐用	nàiyòng	（形）	durable
8. 手柄	shǒubǐng	（名）	handle
9. 速干	sùgān	（形）	quick-drying
10. 退货	tuì huò		to return goods
11. 更换	gēnghuàn	（动）	to change
12. 品牌	pǐnpái	（名）	brand

答一答 Let's answer

两人一组，根据课文内容回答问题。

Work in pairs. Ask and answer the following questions according to the text.

1. 顾客来买什么？售货员给他推荐了哪一款商品？
2. 售货员为什么推荐这一款球拍？
3. 这款球拍用的是什么材料？有什么特点？
4. 这款球拍的设计怎么样？
5. 买了这款球拍以后多长时间之内可以退换？
6. 请介绍一下这款球拍的售后服务情况。

新丝路——中级速成商务汉语 II
XINSILU ZHONGJI SUCHENG SHANGWU HANYU II

填一填 Fill in the blanks

我刚开始打网球,是一个(　　　),今天去商店买了一只网球拍,是王子牌的。售货员说这款球拍用的(　　　)是碳素纤维,结实(　　　);另外,设计很(　　　),手柄用的是(　　　)材料,不怕出汗。王子是知名(　　　),售后服务很好,一周之内可以(　　　),一个月之内免费(　　　)。

练一练 Let's practise

一、推荐产品 Recommending products

> 1. 我向贵公司(大力)推荐我们新研发的冰箱。
> 2. 我推荐您买这款王子牌N5球拍。
> 3. 这一种质量很好/结实耐用/很受欢迎/卖得非常好,你一定会喜欢。

☆练习一 Exercise 1 ☆
两人一组进行练习。你是一位顾客,想买以下商品,请售货员给你推荐一种。
Practice in pairs. You are a customer who wants to buy the following goods. Ask the salesperson for a recommendation.
(1) 8000元左右的笔记本电脑
(2) 有打印、复印、传真三种功能的复印机
(3) 运动鞋

 提示 Hints

> 顾　客:我想买……,你能给我推荐一种/一款吗?
> 售货员:……

二、产品的材料 Materials of products

> 1. 这款球拍用的是什么材料?
> 2. 手柄是用什么(材料)做的?
> 3. 这件衬衣用的是什么面料?
> 4. 这件衣服是纯棉的/丝绸的/羊毛的/毛[1]的。

---

[1] 毛　máo　(名)　wool

第三课　我对你们的新产品很感兴趣

☆练习二 Exercise 2 ☆

两人一组进行练习。问一下同伴下面的产品或产品的一部分是用什么材料做的。
Work in pairs to familiarize with the following products and their materials.

(1) 裤子(纯棉)　　　　　　(2) 地板(实木[1])

(3) 运动服(速干材料)　　　(4) 皮鞋的鞋底(高科技合成[2]材料)

三、售后服务 The after-sales service

> 1. 七天之内可以退货，一个月之内免费更换。
> 2. 十天之内可以退换/包退包换。
> 3. 一年之内如果有质量问题，可以免费维修。
> 4. 产品保修期[3]为两年。
> 5. 产品质量保证期[4]为一年，在质量保证期内出现质量问题，本公司负责免费维修或更换。

☆练习三 Exercise 3 ☆

向顾客介绍下面产品的保修期以及在保修期内出现问题怎么办。
Give an account of the following products' guaranteed features. Tell the customer what he/she should do if there were something wrong under warranty.

(1) 王子牌网球拍　　(2) 空调　　(3) 手机(三年,电池一年)

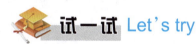 Let's try

1. 你是课文中王子牌网球拍的销售人员。请你向客户介绍一下N5球拍,要求说明下列内容:

   You are the salesperson of the tennis racket company in the text. Please give an account of the N5 racket to the customer, covering the following aspects:

   (1) 技术方面的特点(纳米、控制、初学者)

   (2) 设计方面的特点(人性化、手柄)

   (3) 材料(碳素纤维、与……相比)

   (4) 售后服务(退货、维修、更换)

   时间：3分钟

   Time limit: 3 minutes

---

[1] 实木　shímù　(名)　wood
[2] 合成　héchéng　(形)　compound
[3] 保修期　bǎoxiūqī　guarantee period
[4] 质量保证期　zhìliàng bǎozhèngqī　guarantee period

2. 你是一家地板公司的销售部经理,正在向客户推荐公司新研发的实木地板。请你向客户说明产品的下列情况:

You are the sales manager of a floor boards company. Market the newly designed wood floor boards to the customer, covering the following aspects:

(1) 材料和特点(实木)　(2) 市场情况　(3) 售后服务(质量保证期15年)

时间:2分钟

Time limit: 2 minutes

3

北京大成贸易有限公司销售部经理刘建安先生:

您好!我们是一家生产自行车的美国公司,本公司生产的"别克"牌自行车畅销欧美各国。最近我们准备开发中国市场,我向您推荐我们新上市的折叠自行车,我想贵公司会对我们的产品感兴趣。

本公司生产的折叠自行车可以在20秒钟之内不用任何工具折叠或者展开。折叠后体积小,可以放在汽车的行李箱里或者办公室内。因为我们使用了最新的合成材料,重量比一般自行车轻很多,可以提着上楼、坐电梯、乘地铁,非常方便。除此之外,产品的设计时尚现代,深受消费者喜爱。

随信附上本公司的产品目录和图片,如果您对我们的产品感兴趣,欢迎来函联系。

　　敬祝

商祺!

别克自行车有限公司销售部经理　史密斯

2008.9.2

New words

1. 畅销	chàngxiāo	(动)	to sell well
2. 折叠	zhédié	(动)	to fold

第三课　我对你们的新产品很感兴趣

3. 展开	zhǎnkāi	（动）	to unfold
4. 体积	tǐjī	（名）	volume
5. 合成	héchéng	（形）	compound
6. 时尚	shíshàng	（形）	fashionable
7. 附上	fùshàng	（动）	to attach, to enclose
8. 函	hán	（名）	letter
9. 敬祝	jìngzhù	（动）	to respectfully wish
10. 商祺	shāngqí	（名）	best regards

专名 Proper noun

1. 北京大成贸易有限公司	Běijīng Dàchéng Màoyì Yǒuxiàn Gōngsī	Beijing Dacheng Trading Co., Ltd.
2. 刘建安	Liú Jiàn'ān	name of a person
3. 别克自行车有限公司	Biékè Zìxíngchē Yǒuxiàn Gōngsī	Bieke Bicycle Co., Ltd.

答一答 Let's answer

根据课文内容回答下面的问题。
According to the text ask and answer the following questions.
1. 这家美国公司的主要产品是什么？
2. 他们的产品在欧美市场的销售情况怎么样？
3. 他们公司为什么写这封信？这封信是写给谁的？
4. 把他们生产的自行车折叠起来要用多长时间？需要什么工具？
5. 他们公司的折叠自行车用的是什么材料？重量怎么样？
6. 他们的产品在设计方面有什么特点？
7. 除了这封信，这家美国公司还寄来了别的材料吗？

说一说 Let's talk

你是课文中别克自行车有限公司的销售部员工，正在向客户推荐公司新生产的折叠自行车。请你说明以下几点：
You are the salesperson of Bieke Bicycle Co., Ltd. in the text. Market the new folding bicycle to the customer, covering the following aspects:
（1）设计方面的特点　　　（2）材料和重量

41

（3）折叠或展开的时间　　　　（4）体积

时间：3分钟

Time limit: 3 minutes

 提示 Hints

> 这种折叠自行车是我们公司的新产品，很受消费者欢迎，……

试一试 Let's try

你是一家体育用品公司的销售部经理。写一封150字以上的信给一家贸易公司经理，介绍你们公司新研发的一种使用了速干材料的运动服，希望他们能够订货。信件要求包括以下内容：

You are the sales manager of a sports commodity company. Write a letter to your potential client, the manager of a trade company. In the letter introduce your company's new sportswear made of fast-drying fabric. Minimum character count: 150. The following aspects should be covered:

（1）说明公司的情况

（2）推荐新产品：a. 面料以及特点；b. 设计方面；c. 市场情况或价格

（3）希望对方订货

（4）使用正确的书信格式

参考句型 Expressions for reference

> 1. 本公司生产各类……
> 2. 我们的产品畅销……/深受……喜爱/质量好价格低。
> 3. 随信附上本公司的产品目录和图片/价格。
> 4. 为了使您更好地了解本公司的产品，随信附上产品目录。
> 5. 如果想更多地了解本公司的产品，请浏览本公司的网站……
> 6. 如果想了解产品的详细信息，欢迎来函联系/致电8008101234。

第四课

贵公司的报价是多少

1

（美国国际贸易公司的史密斯先生正在给北京五星电器集团销售部经理打电话）

史密斯：王经理，您好！我们对贵公司新研发的节能冰箱很感兴趣，决定订购500台，贵公司的报价是多少？

王经理：现在这款冰箱在市场上很畅销，我们的报价是每台800美元。

史密斯：800美元？你们的报价太高了，现在市场上同类产品的价格一般在600美元左右。

王经理：中国有句俗话说"一分钱一分货"，这款冰箱质量好、环保节能、深受消费者欢迎，价格高一些很正常。

史密斯：但是800美元的报价实在太高了，我们不能接受，能不能给我们打个折扣？

王经理：您是我们的老客户，我们给您优惠3%。

史密斯：谢谢您做出了让步，但3%少了点，如果我们增加订购量，能不能多打点折扣？

王经理：如果订购1000台以上，可以优惠5%，这已经是最低价了。

史密斯：这个价格比较合理，我们打算订购1200台。
王经理：我们的报价有效期是两周，希望贵公司尽快下订单。
史密斯：好的，我明天就可以把订单传真给你们。

生词 New words

1. 订购　　　dìnggòu　　　（动）　　　to order
2. 报价　　　bàojià　　　　（名）　　　quoted price, quotation
3. 同类　　　tónglèi　　　　（形）　　　the same kind, similar
4. 折扣　　　zhékòu　　　　（名）　　　discount
5. 优惠　　　yōuhuì　　　　（动）　　　to offer a discount
6. 让步　　　ràng bù　　　　　　　　　to concede
7. 合理　　　hélǐ　　　　　（形）　　　reasonable
8. 有效期　　yǒuxiàoqī　　　（名）　　　period of validity
9. 订单　　　dìngdān　　　　（名）　　　order, order form

答一答 Let's answer

两人一组，根据课文内容回答问题。
Work in pairs. Ask and answer the following questions according to the text.
1. 史密斯先生为什么给王经理打电话？
2. 这种新款冰箱的报价是多少？史密斯先生能接受吗？
3. 为什么这款冰箱的价格比较高？
4. 王经理第一次同意优惠多少？最后优惠了多少？优惠的条件是什么？
5. 这款冰箱的最后报价是多少美元？史密斯先生订购了多少台？
6. 报价的有效期是多长时间？

填一填 Fill in the blanks

我们想向五星电器集团（　　　）500台节能冰箱，这种冰箱现在在市场上很（　　　）。他们的（　　　）是每台800美元，这个价格太高了，我们不能（　　　）。因为我们是老客户，他们同意给我们打个（　　　），（　　　）3%；如果（　　　）1000台以上，可以（　　　）5%，报价的（　　　）是两周。我觉得这个价格比较合理，我们打算尽快下（　　　）。

44

第四课　贵公司的报价是多少

 Let's practise

一、订购与报价 Ordering goods and quoting prices

A₁：我们对贵公司新研发的节能冰箱很感兴趣,决定订购500台,贵公司的报价是多少?
A₂：我们打算订购500台节能冰箱,贵公司的报价是多少?
A₃：请介绍一下贵公司新研发的节能冰箱的价格,可以吗?
B：我们的报价是每台800美元。

☆练习一 Exercise 1 ☆
根据下面的报价单练习订购与报价。
According to the quotation sheet below, work in pairs to practice ordering goods and quoting prices. You need clearly state the commodity and the quantity.

长城电脑报价单

型　号	价　格
MN1500笔记本电脑	16500元
MN1800笔记本电脑	12988元
CH10笔记本电脑	9988元
T200E台式机	7800元
T203E台式机	5888元

二、谈折扣 Discount

（一）

A：800美元的报价实在太高了,我们不能接受,能不能给我们打个折扣?
B：您是我们的老客户,我们给您优惠3%。

（二）

A：贵公司的报价和其他公司相比有点高,能不能优惠5%?
B：如果订购数量比较大,我们可以给您打9.5折。

（三）

A：如果大量订购有折扣吗?
B：如果大量订购/马上订购,每台可以优惠20美元。

45

新丝路——中级速成商务汉语 II
XINSILU ZHONGJI SUCHENG SHANGWU HANYU II

☆练习二 Exercise 2 ☆

两个人一组结合上面的练习一进行会话,在对方报价后要求给予折扣。双方可按照下面提示的顺序进行。

Put Exercises 1 and 2 together. Work in pairs to practice bargaining after quoting. Follow the hints below.

💡 提示 Hints

> A:……(订购、问价格)
> B:……(报价)
> A:……(要求折扣)
> B:……(答复)

三、进一步还价 Bargaining

(一)

> A: 谢谢您做出了让步,但3%少了点,如果我们增加订购量,能不能多打点折扣?
> B: 如果订购1000台以上,可以优惠5%,这已经是最低价了。

(二)

> A: 虽然贵公司做了让步,但我们的差距[1]还是很大,能不能再降/便宜一些?
> B: 如果贵公司的订单能达到80万美元,我们可以再优惠2%。

☆练习三 Exercise 3 ☆

1. 两个人一组读上面的对话。
   Read the dialogues above in pairs.
2. 两个人一组进行会话,在对方让步以后要求进一步降低价格。
   Create the conversation in pairs. After the seller makes a compromise, the buyer asks for another lower price.

💡 提示 Hints

> A: 考虑到贵公司的订购量比较大,我们准备给您优惠5%。
> B: ……
> A: ……

---

[1] 差距　chājù　(名)　gap

第四课　贵公司的报价是多少

试一试　Let's try

你是一家贸易公司的经理,想订购欧亚牌地板。两人一组互换角色练习,要求包括如下内容:

You are the manager of a trading company who wants to order floor boards. Simulate the negotiation with your partner and then change the roles. The following aspects should be covered:

(1) 订购什么产品、问产品价格　　(2) 要求打折扣
(3) 要求一步打折扣　　　　　　　(4) 问报价有效期

欧亚地板报价单

产品名称	价格	有效期
实木XY系列	128元/	一个月
安居系列	298元/	两周

2

客　　户:李经理您好,你们发来的报价单已经收到了。贵公司的报价太高了,我们没有办法接受。

李经理:现在生产成本增加,国际市场的价格都在上涨,我们的报价已经很优惠了。

客　　户:其他几家公司的报价比贵公司要低15%左右,你们的报价没有竞争力。

李经理:我们产品的质量是一流的,公司信誉也非常好,这个报价还是比较合理的。

客　　户:这么高的报价,我们真的不能接受,能不能给我们打个折扣?

李经理:考虑到我们双方以后的合作,我们可以优惠5%。

客　　户:5%离我们期望的价格还有一定差距,我们希望能优惠10%。

47

李经理：优惠5%已经是我们的成本价了，不能再降价了。
客　户：这样吧，我们各让一步，7%怎么样？
李经理：很抱歉，我们最多降价5%，真的无法再让步了。
客　户：那很遗憾，我们只能谈到这儿了。
李经理：我们也很遗憾，希望下次有机会合作。

生词 New words

1.	报价单	bàojiàdān	（名）	quotation sheet
2.	成本	chéngběn	（名）	cost
3.	上涨	shàngzhǎng	（动）	to rise
4.	竞争力	jìngzhēnglì	（名）	competitiveness
5.	信誉	xìnyù	（名）	reputation, credit
6.	期望	qīwàng	（动）	to expect
7.	一定	yídìng	（形）	certain, some
8.	差距	chājù	（名）	gap
9.	成本价	chéngběnjià	（名）	cost price
10.	遗憾	yíhàn	（形）	pity

答一答 Let's answer

两人一组，根据课文内容回答问题。
Work in pairs. Ask and answer the following questions according to the text.
1. 客户认为李经理的报价怎么样？
2. 李经理认为报价合理吗？为什么？
3. 李经理的报价和其他公司比有竞争力吗？
4. 李经理同意优惠多少？为什么要给对方打折扣？
5. 客户能接受优惠5%的报价吗？他期望的价格是多少？
6. 李经理同意客户的还价吗？为什么？
7. 这次谈判的结果怎么样？

填一填 Fill in the blanks

这段时间因为生产（　　　　）增加，我们的产品价格（　　　　）。一位客户收到我们的（　　　　）以后，觉得报价太高。其实，我们的

第四课　贵公司的报价是多少

产品质量(　　　　),公司(　　　　　)很好,现在的报价还是很(　　　　)的,但客户认为报价没有(　　　　),希望我们给他(　　　　)10%。我们让步了,同意优惠5%,这个价格已经是我们的(　　　　)了,不能再降价了。由于双方的价格(　　　　)比较大,最终他们没有订货,我觉得很(　　　　)。

练一练 Let's practise

一、对报价的意见 Views on quotations

> 1. 贵公司的报价太高了,我们没有办法接受。
> 2. 其他几家公司的报价比贵公司要低15%左右,你们的报价没有竞争力。
> 3. (你们的报价)离我们期望的价格还有一定差距。
> 4. 我们的报价已经很优惠了。
> 5. 这个报价还是比较合理的。
> 6. (这)已经是我们的成本价/最低价了,不能再降(价)了。

☆练习一 Exercise 1 ☆

1. 读上面的句子,学习如何评论价格。
   Read the sentences above to learn how to critique quotations.
2. 用刚学到的句子设计下面的对话。
   Create the conversation below using what we have learned.

提示 Hints

> A:我们对贵公司的新产品节能冰箱很感兴趣,想了解一下价格情况。
> B:……(报价)
> A:……(对报价的意见)
> B:……(自己的意见)
> A:我们这次的订货量很大,希望贵公司能给我们打个折扣。

二、"考虑到……"的用法 Usage of the phrase "考虑到……"

> 1. 考虑到我们双方以后的合作,我们可以考虑优惠5%。
> 2. 考虑到贵公司是我们的老客户,我们决定优惠5%。
> 3. 考虑到原材料的价格上涨,公司决定从下个月起提高产品的价格。

☆练习二 Exercise 2 ☆

用"考虑到……"设计下面的对话。

Create the conversation below using "考虑到……".

> A：贵公司的报价太高，没有竞争力，能不能优惠一点？
> B：……，……

参考句型 Expressions for reference

订货量大、国际市场价格下降、初次合作、马上下订单

三、双方让步 Making compromises

> 1. 这样吧，我们各让一步，7%怎么样？
> 2. 这么争下去不会有结果，我们双方都做些让步怎么样？
> 3. 我们是不是应该都做些让步？

☆练习三 Exercise 3 ☆

1. 读上面的句子，学习建议双方让步的说法。

    Read the sentences above to learn how to make compromises.

2. 用刚学到的句子设计下面的对话。

    Create the conversation using what we have learned.

💡 提示 Hints

> A：考虑到我们双方初次合作，本公司决定……10%，这个价格已经很合理了。
> B：贵公司的报价离我们期望的价格还有一定……，我们希望能……20%。
> A：……（建议双方让步）
> B：……（同意或者不同意）

四、拒绝让步 Refusing to compromise

> 1. 这已经是我们的最低价/成本价了，不能再降（价）了。
> 2. 我们最多降价5%，真的无法再让步了。
> 3. 如果贵公司不能做出让步，那很遗憾，我们只能谈到这儿了。
> 4. 我们也很遗憾，希望下次有机会合作。

☆练习四 Exercise 4 ☆

1. 读上面的句子，学习表示不能让步的说法。

    Read the sentences above to learn how to refuse compromises.

第四课　贵公司的报价是多少

2. 用刚学到的句子设计下面的对话。
   Create the conversation using what we have learned.

 提示 Hints

> A：感谢贵公司做出的让步，但每台500美元的报价离我们……的价格还有一定差距。
> B：……（拒绝再让步）
> A：……（不愿再谈）
> B：……

 试一试 Let's try

你们公司打算订购一批冰箱。你正在和一家电器公司的经理讨价还价，你们公司期望的价格是每台600美元，对方的最低价是700美元。根据括号中的提示完成下面的对话。

Work in pairs. Student A wants to order a shipment of refrigerators and the expected price is $ 600 each. But student B can only offers $ 700 each. Create the conversation following the hints below.

 提示 Hints

买方	卖方
A：请问你们这款冰箱的……是多少？	A：……
B：……	B：你们想订购多少台？大量订购的话，报价会低一些。
A：……	A：……
B：……	B：如果你们订购……台的话，我们的报价是每台800美元。
A：……（对报价的意见）	A：……
B：……	B：……（对价格的意见）
A：……（无法接受，要求优惠）	A：……
B：……	B：考虑到……，……（再次报价）
A：……（还价）	A：……
B：……	B：……（拒绝还价）
A：……（建议双方让步）	A：……
B：……	B：……（拒绝对方的建议）

51

3

尊敬的王经理：

您好！贵公司寄来的报价单已经收到，非常感谢你们这么快就给了我们回复。

遗憾的是，贵公司每台节能冰箱的报价是800美元，这个价格对我们来说太高了，我们无法接受。

现在各大厂商新研发的冰箱都已经上市，市场竞争激烈，厂商大打价格战，冰箱的价格一直在下降，贵公司应该了解这方面的情况。虽然贵公司的产品在质量和设计方面有一定的优势，但是800美元的报价和其他厂商相比没有竞争力。

希望贵公司能考虑到国际市场的情况，降低报价。我们期望的价格是每台700美元，不知道贵公司能否接受？希望贵公司考虑我方建议重新报价，我们等待你们的回复。

  敬祝

商祺

美国国际贸易公司　史密斯
2008.12.15

生词 New words

1. 回复	huífù	（动）	to reply
2. 优势	yōushì	（名）	advantage
3. 我方	wǒfāng	（名）	our part
4. 重新	chóngxīn	（副）	again

答一答 Let's answer

两人一组，根据课文内容回答问题。

Work in pairs. Ask and answer the following questions according to the text.

1. 史密斯先生要订购什么产品？
2. 王经理的报价是多少？

第四课　贵公司的报价是多少

3. 史密斯先生认为对方的报价怎么样？为什么？
（参考词语：高、竞争力、接受；上市、价格战、下降）
4. 王经理公司的产品有什么优势？
5. 史密斯先生的还价是多少？他有什么建议？

 说一说 Let's talk

如果你是王经理，看到史密斯先生的信后给他打个电话，表示愿意降价，重新报价为每台750美元。请你根据提示，说明以下几点：
You are Manager Wang. Make a phone call to Mr. Smith to lower your quotation to that company to $750 each after checking his letter. Follow the outline and hints below:
（1）无法接受对方的还价[1]　　　（2）解释产品价格高的原因
（3）重新报价，希望对方也能让步　（4）希望对方接受
时间：3分钟
Time limit: 3 minutes

提示 Hints

史密斯先生，您的来信我们已经收到了，贵公司期望的价格是每台700美元……

 试一试 Let's try

如果你是一家贸易公司的经理，想订购北京五星电器集团新上市的节能空调。请你写一封信了解报价情况，要求包括以下内容：
You are the manager of a trading company who wants to order environmental-friendly air-conditioner newly developed by Beijing Wuxing Electronics Inc. Write a letter to that company to get some information about the new product. Follow the outline below:
（1）知道他们新产品上市
（2）想了解新产品的特点
（3）订购的数量
（4）要求对方报价以及邮寄产品目录、图片等
（5）希望对方给予优惠

---

[1] 还价　huán jià　counter offer

北京五星电器集团销售部王经理：

您好！

我们是一家……国贸易公司，最近得知贵公司新研发的节能空调刚刚上市。

国际贸易术语
International Trade Terms

我们本课练习的报价其实是非常简单的，在实际的贸易活动，特别是国际贸易中还需要弄清楚以下问题：

（1）卖方在哪儿交货？
（2）谁负责运输？
（3）谁负责办理投保手续？
（4）谁负责申请进出口许可证？
（5）谁承担运费、保险费、装卸费等费用？

为了解决以上问题，在国际贸易中报价必须使用贸易术语，这样做双方能清楚地了解自己的权利、义务和需要承担的费用，不必每次交易都讨论以上诸多问题，从而大大节省洽谈时间。

第四课　贵公司的报价是多少

国际贸易中的价格术语多达13种，不过常见的主要有3种：FOB、CIF和CFR。这三种价格术语都只适用于水上运输方式，风险的划分都是以货物越过装运港船舷为界，但双方需要承担的责任和费用不同。我们用下面的图表来说明：

贸易术语	含义	交货地点	运输方式	卖方责任	买方责任
FOB	Free On Board 装运港船上交货	装运港口	水运	办理出口手续；货物装船	运输，投保；承担货物运输中的风险
CFR	Cost and Freight 成本加运费	装运港口	水运	租船；付运费	办理投保手续；承担运输中的风险
CIF	Cost Insurance and Freight 成本加保险费加运费	装运港口	水运	租船；办理投保手续；付运费和保险费	承担货物越过船舷后的额外费用和风险

第五课

什么时候能交货

1

（一位客户正在给五星电器集团王经理打电话）

客　户：王经理你好，我们订购的1000台空调你们什么时候能交货？

王经理：5月底以前交货，您看怎么样？

客　户：5月底太晚了。空调这种商品的季节性 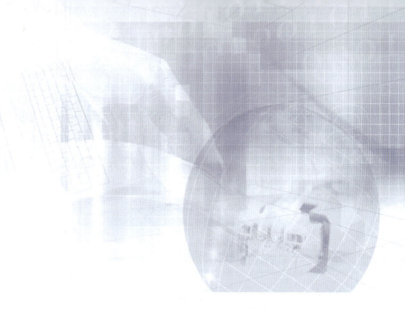 很强，六七月份是销售旺季，5月底交货会影响我们的销售。

王经理：那贵公司希望什么时候交货？

客　户：最好能在5月上旬交货。

王经理：这恐怕不太可能，时间太紧了，我们来不及准备。

客　户：考虑到贵公司的实际情况，我们让一步，交货时间推迟到5月15号，不能再往后拖了，希望贵公司能多想想办法。

王经理：您看分两批交货怎么样？这批货的40%，也就是400台，5月15号交货；第二批5月底交货，这样应该不会影响你们的销售。

第五课　什么时候能交货

客　户：这个办法不错，我们可以接受，希望你们能按时交货。
王经理：放心吧，我们保证按时交货。

生词 New words

1. 交货	jiāo huò		to deliver goods
2. 季节性	jìjiéxìng	（名）	seasonality
3. 旺季	wàngjì	（名）	peak season, busy season
4. 影响	yǐngxiǎng	（动）	to influence, to affect
5. 上旬	shàngxún	（名）	first 10 days of a month
6. 紧	jǐn	（形）	tight
7. 推迟	tuīchí	（动）	to postpone
8. 拖	tuō	（动）	to delay, to put off
9. 批	pī	（量）	batch, shipment
10. 保证	bǎozhèng	（动）	to guarantee, to promise

答一答 Let's answer

两人一组，根据课文内容回答问题。
Work in pairs. Ask and answer the following questions according to the text.
1. 客户在王经理的公司订购了什么？
2. 王经理想什么时候交货？客户同意吗？为什么？
3. 客户希望什么时候交货？王经理同意吗？
4. 客户做了让步，希望什么时候交货？
5. 这次谈判的最终结果是什么？

填一填 Fill in the blanks

　　我们从五星电器集团（　　　）了1000台空调，我们希望他们能在5月上旬（　　　），因为空调是（　　　）很强的商品，六七月份是空调销售的（　　　），最好能在5月份上市。王经理说上旬交货时间太（　　　），他们来不及准备，于是我们把交货时间（　　　）到5月15号。王经理建议（　　　）交货，第一批5月15号，第二批5月底，并且（　　　）按时交货。这个建议不错，不会（　　　）我们的销售工作，我接受了。

练一练 Let's practise

一、询问交货时间 Asking the time of delivery

1. 我们订购的1000台空调你们什么时候能交货?
2. 贵公司希望什么时候交货?
3. 你们什么时候要货?
4. 5月底以前交货,您看怎么样?
5. 交货时间对我们来说非常重要,最好能在5月上旬交货。

☆练习一 Exercise 1 ☆

1. 读上面的句子。
   Read the sentences above.
2. 根据下面的内容,两个人一组扮演买卖双方,询问对方交货/要货的时间,并完成表格。
   Practice in pairs to complete the table of the time of delivery.

产品名称	数量	交货时间
电脑椅	300把	
办公桌	120张	
文件柜[1]	50个	

二、改变交货时间 Changing the time of delivery

1. 交货时间推迟到5月15号。
2. 贵公司订购的1000台空调,交货日期能不能推迟一周?
3. 我们想把交货时间推迟/提前两周可以吗?
4. 你们能提前一个月交货吗?

☆练习二 Exercise 2 ☆

结合上面的练习一,要求推迟交货或要求对方提前交货,并完成表格。
Work in pairs to practice requesting a delay or early delivery. Refer to the hints below.

产品名称	数量	原来交货时间	现在交货时间
电脑椅	300把		
办公桌	120张		
文件柜	50个		

[1] 文件柜　wénjiànguì　(名)　file cabinet

第五课　什么时候能交货

Hints

双方同意	（1）可以，没问题。 （2）可以，没问题，那就把交货时间改到……吧。
不能决定	（1）我和经理/老板商量一下再答复你好不好？ （2）这事我决定不了，我先请示[1]一下经理再答复你可以吗？
买方不同意 按时交货。	对不起，我们急需这批货，交货时间不能推迟/往后拖，希望你们
卖方不同意	（1）恐怕不行，时间太紧了，来不及准备。 （2）恐怕不行，我们的生产计划已经安排好了。

三、建议分批交货 Partial delivery

1. 您看分两批交货怎么样？这批货的40%，也就是400台，5月15号交货；第二批5月底交货。
2. 我建议分批交货，5月15号以前先交一半，5月底再交另外一半。
3. 您认为分三批交货怎么样？第一次先交300台，5月15号以前交货；第二次交400台，5月底交货；剩下的6月上旬交货。

☆练习三 Exercise 3 ☆
两个人一组做下面建议分批交货的对话练习。
Work in pairs to create the conversation about partial delivery.

提示 Hints

A：贵公司订购的500公斤茶叶我们很难在7月上旬交货，能不能推迟两周？
B：……（建议分批交货）

---

[1] 请示　qǐngshì　（动）　to request instructions from

试一试 Let's try

1. 你们公司订购了一批羽绒服,请你告诉对方交货日期,要求说明以下内容:
   Your company has ordered a shipment of down jackets. Inform the seller about the date of delivery. Follow the outline below.
   (1)交货时间　　　　(2)原因　　　　(3)希望按时交货
   时间:2分钟
   Time limit: 2 minutes

   参考词语 Expressions for reference
   季节性、错过销售旺季、影响、损失[1]很大

2. 你们公司向一家中国公司订购了一批瓷器[2],希望对方能在3月10号以前交货,而对方想4月下旬交货。你和对方经理商量这件事,最后决定分批交货。两个人一组设计这段对话,可参考下面的提示。
   Your company has ordered a shipment of china from a Chinese company. You hope that the seller could deliver the goods before Mar.10. But they can only deliver after Apr. 21. Now work in pairs to discuss this issue and reach a compromise. Follow the hints below.

    提示 Hints

   > A:×经理,我们订购的这批瓷器你们什么时候交货?
   > B:……
   > A:……(要求提前)
   > B:……(建议分批交货)
   > A:……(同意或不同意)

---

[1] 损失　sǔnshī　(名)　damage, loss
[2] 瓷器　cíqì　(名)　porcelain, china

第五课　什么时候能交货

2

客户：张经理，我们订购了1000台笔记本电脑，原来说的是11月下旬以前交货，现在能不能提前到10月底？

经理：产品方面问题不大，我们仓库有现货；运输方面可能会有些问题。

客户：您的意思是……

经理：这批货我们计划用海运，运输时间比较长，而且现在不能马上装运，恐怕很难在10月底交货。

客户：能不能改成空运？这样能节省很多时间。

经理：空运快是快，就是运费要高很多。

客户：这不成问题。我们急需这批货，运费由我们公司承担，最重要的是货物能及时运到我们手上。

经理：那好，我和货运公司联系一下，看什么时候能装运。

客户：多谢！如果有消息请尽快通知我。

生词 New words

1.	提前	tíqián	（动）	to advance
2.	现货	xiànhuò	（名）	goods on hand
3.	运输	yùnshū	（动）	to transport
4.	海运	hǎiyùn	（动）	ocean shipping
5.	装运	zhuāngyùn	（动）	to load and transport
6.	空运	kōngyùn	（动）	to transport by air
7.	节省	jiéshěng	（动）	to save
8.	运费	yùnfèi	（名）	freight
9.	承担	chéngdān	（动）	to bear (the expenses)
10.	货运公司	huòyùn gōngsī		freight corporation

答一答 Let's answer

两人一组,根据课文内容回答问题。
Work in pairs. Ask and answer the following questions according to the text.
1. 客户订购了什么产品?他们以前谈好了什么时候交货?
2. 客户为什么给王经理打电话?
3. 对于提前交货,王经理认为有什么问题?
4. 客户怎么解决王经理说的问题?
5. 空运的运费由哪一方承担?
6. 接完电话,王经理应该做什么?

填一填 Fill in the blanks

有一位客户订购了1000台笔记本电脑,想把交货时间从11月下旬(　　　)到10月底。我们仓库有(　　　),但是(　　　)方面问题比较大,(　　　)的运输时间比较长,而且现在不能马上(　　　)。客户急需这批货,为了(　　　)时间,建议不用(　　　),改成(　　　),运费由他们公司(　　　)。我答应他马上和(　　　)联系。

练一练 Let's practise

一、运输方式 Methods of transportation

1. 你们想用哪种运输方式?
2. 你们想怎么运送这批货物?
3. 我们想用铁路运输/海运/空运。
4. 我们想空运这批货物。

☆练习一 Exercise 1 ☆
如果你们公司订购了以下产品,和对方商量一下儿怎么运输。
Your company has ordered the following goods. Ask the seller how the items will be transported.
(1) 20台打印机　　　(2) 30吨大米　　　(3) 800公斤茶叶

第五课　什么时候能交货

二、承担费用 Bearing the charges

1. 运费由我们公司承担。
2. 运费由谁承担？
3. 运费我们各承担一半怎么样？
4. 培训费公司承担80%，个人承担20%。

☆练习二 Exercise 2 ☆
两个人一组，互相询问下面的费用问题怎么解决。
Practice in pairs to ask how to deal with the charges below.
（1）出差的住宿费（个人—公司）
（2）公司员工的培训费用（个人—公司）
（3）货物的运费（自己公司—对方公司）
（4）产品的广告费（自己公司—对方公司）

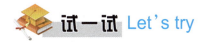 Let's try

1. 你是课文2中的经理。在和货运公司联系以后，请你与客户联系，告诉他以下内容：
   You are the manager in text 2. After you contact the cargo company, inform your customer the transportation issues below:
   （1）可以空运　　　（2）装运时间和费用　　　（3）交货时间
   时间：1分钟
   Time limit: 1 minute

 Hints

×先生，我已经和货运公司联系过了，……

2. 你们公司订购了10000套餐具，你和对方经理正在讨论运输方式。你们公司希望用铁路运输，而对方希望用海运，双方还要讨论运费的问题。两个人一组进行会话，要求说明以下内容：
   Your company has ordered 10,000 sets of tableware. Now you are discussing with the seller on the transportation method. You prefer rail transport, while the seller prefers ocean transport. You also need to decide the charge share. Work in pairs to make the conversation covering the following points:
   （1）运输方式　　　　　　（2）谁承担运费

63

> **提示 Hints**
>
> A：交货日期已经定下来了，下面我们说一下运输方式吧。
> B：……
> ……
> ……

3

在国际贸易中常见的运输方式主要有以下几种：海运、空运、铁路运输、公路运输和管道运输。

海运是国际贸易中最重要的运输方式。海运的优点是运输量大、运费低，但是海运受自然条件的影响比较大，速度慢，运输时间长。

铁路运输是仅次于海运的主要运输方式，优点是运输量比较大、速度比较快、一般不受自然条件影响，缺点是受铁路限制、修建铁路的成本很高。

和海运、铁路运输相比，空运的优势是速度快、安全性高，劣势是运输量小、运费高，适合运输急需的货物和贵重物品。

公路运输很方便，修建公路的成本也不是很高，可是容易损坏货物，而且不能运输大件货物。

在国际贸易中，气体、液体货物可以使用管道运输。这种运输方式运输量大，没有污染，不受自然条件影响，缺点是成本很高，而且不能运输其他货物。

国际贸易中运输方式很多，应该根据商品的特点、数量和交货时间等情况选择合适的运输方式。

生词 New words

1. 管道   guǎndào   （名）   pipeline
2. 运输量 yùnshūliàng （名）   freight volume
3. 缺点   quēdiǎn   （名）   defect

第五课　什么时候能交货

4. 限制	xiànzhì	（动）	to limit
5. 劣势	lièshì	（名）	disadvantage
6. 贵重	guìzhòng	（形）	valuable
7. 损坏	sǔnhuài	（动）	to damage

答一答 Let's answer

两人一组，根据课文内容回答问题。
Work in pairs. Ask and answer the following questions according to the text.
1. 国际贸易中常见的运输方式有几种？分别是什么？
2. 国际贸易中最重要的运输方式是什么？
3. 海运的优点是什么？（运输量、运费）
4. 海运的缺点是什么？（自然条件、速度、时间）
5. 国际贸易中排在第二位的运输方式是什么？
6. 铁路运输的优点是什么？（运输量、速度、自然条件）
7. 铁路运输的缺点是什么？（限制、成本）
8. 空运的优点和缺点分别是什么？（速度、安全性；运输量、运费）
9. 什么样的货物适合空运？
10. 公路运输的优点和缺点分别是什么？（方便、成本；损坏、大件货物）
11. 管道运输一般用来运输什么货物？优点是什么？

填一填 Fill in the blanks

根据课文内容填写各种运输方式的优点和缺点。
Fill in the blanks with the advantages and disadvantages of different transportation methods according to the text.

运输方式	优点	缺点
海运		
铁路运输		
空运		
公路运输		
管道运输		

说一说 Let's talk

两个人一组,讨论运送下面这些货物用什么运输方式比较好,要求说明理由。
Work in pairs to discuss and explain which is the better transportation method for the following goods.

(1) 500辆汽车　　(2) 80吨煤炭　　(3) 5000部手机
(4) 石油　　　　　(5) 300台电视

试一试 Let's try

你是一家货运公司的工作人员。有位客户来向你咨询下面几个问题,你试着回答一下儿。
You are the staff of a cargo company. When the customer consults you, please answer his/her questions below.

(1) 空运与海运的优劣
(2) 铁路运输与公路运输的优劣
(3) 管道运输的情况(适合运送的货物及优劣)

提示 Hints

> A：你好,我想了解一下……,您能给我说一说吗?
> B：当然可以。……

第六课

你们采用什么付款方式

1

（五星电器集团的王经理正和美国国际贸易公司的史密斯先生谈论付款方式）

王经理：既然贵公司接受了我们的还价，那么我们谈一谈付款方式吧。
史密斯：好的。通常你们采用什么付款方式？
王经理：我们一般只接受信用证。
史密斯：能不能破一次例，采用付款交单的方式？您知道，在银行开立信用证，我们必须交一笔保证金，这会影响我们的资金周转。
王经理：史密斯先生，很抱歉，货款数额很大的交易，我们都采用信用证付款，这次也不能例外。
史密斯：考虑到这次我们的订单数额很大，贵公司能否通融一下，用信用证支付一半货款可以吗？本公司的信誉良好，从未延期付款。
王经理：这是我们初次合作，我们希望用信用证付款，在这个问题上

我们无法做出让步。以后双方彼此都比较了解了,我们可以考虑其他付款方式。

史密斯:好吧,我们也只好同意了,希望以后贵公司可以考虑其他方式。下面我们谈谈一些细节问题好吧?

王经理:好的。贵公司必须在装运前30天开立以我方为受益人的信用证。

史密斯:这个没有问题,我们会在7月1日以前向银行申请开立以你方为受益人的10万美元的信用证。信用证的有效期到什么时候?

王经理:有效期至少应该到装运后15天,也就是8月15号以后。

史密斯:好的,就这么定了,希望我们合作愉快。

王经理:我们双方都很有诚意,我们的首次合作一定会非常成功。

生词 New words

1. 付款	fù kuǎn		to pay
2. 信用证	xìnyòngzhèng	(名)	letter of credit (L/C)
3. 破例	pò lì		to make an exception
4. 付款交单	fùkuǎn jiāodān		document against payment (D/P)
5. 开立	kāilì	(动)	to issue, to open
6. 保证金	bǎozhèngjīn	(名)	guarantee money
7. 资金周转	zījīn zhōuzhuǎn		cash flow
8. 货款	huòkuǎn	(名)	payment for goods
9. 数额	shù'é	(名)	amount
10. 通融	tōngróng	(动)	to bend the rules to accommodate
11. 延期	yán qī		to defer
12. 细节	xìjié	(名)	detail
13. 受益人	shòuyìrén	(名)	beneficiary
14. 诚意	chéngyì	(名)	sincerity

第六课　你们采用什么付款方式

答一答 Let's answer

两人一组，根据课文内容回答问题。
Work in pairs. Ask and answer the following questions according to the text.
1. 王经理的公司通常只接受什么付款方式？
2. 史密斯先生想用什么付款方式？
3. 史密斯先生为什么不想用信用证付款？
4. 王经理同意史密斯先生的要求吗？为什么？
5. 最终他们决定采用什么付款方式？
6. 王经理要求什么时候开立信用证？
7. 信用证的受益人是谁？货款数额是多少？
8. 信用证的有效期到什么时候？

填一填 Fill in the blanks

今天我和王经理谈了（　　）方式的问题，他们通常只接受（　　）。采用这种付款方式，银行（　　）信用证要收一笔（　　），这会影响我们的资金（　　），而且我们的订单（　　）很大，我们非常希望王经理能（　　）一下，破一次例，采用别的付款方式，比如（　　），或者用信用证支付一半，我们公司（　　）良好，从未（　　）付款，但王经理说这是我们初次合作，不能接受我的建议，没办法我只好同意。我们说好在7月1日前我们公司向银行申请（　　）以五星电器集团为（　　）的10万美元的信用证，（　　）到8月15号。这次交易我们双方都很有（　　），我相信我们的合作将非常成功。

练一练 Let's practise

一、付款方式 Terms of payment

（一）
A：通常你们采用什么付款方式？
B：我们一般只接受信用证。

（二）
A：贵公司打算采用什么方式付款？
B：我们想一半用信用证付款，另外一半用付款交单。

（三）

A：你们一般接受什么付款方式？
B：我们一般只接受信用证。

（四）

A：我们该怎么付款？
B：如果贵公司资金周转有困难，我们可以考虑货款的30%用信用证付款，另外70%采用付款交单。

（五）

A：你们是否接受付款交单/承兑交单[1]/分期付款[2]/电汇[3]？
B：我们希望贵公司用信用证付款。

☆练习一 Exercise 1 ☆

两个人一组练习。讨论付款方式，并照下面的提示回答。
Work in pairs. Discuss terms of payment, and then answer the questions using the hints below.

 提示 Hints

A：……？
B_1：……（信用证）
B_2：……（付款交单或承兑交单）
B_3：……（分期付款或电汇）
B_4：……（30%信用证＋70%付款交单）
B_5：……（50%信用证＋50%承兑交单）
B_6：……（60%付款交单＋40%分期付款）

二、买方建议不用信用证付款 The buyer advises against using L/C

1. 在银行开立信用证，我们必须交一笔保证金，这会影响我们的资金周转，能不能采用付款交单？
2. 考虑到这次我们的订单数额很大，贵公司能否通融一下？
3. 用信用证付款，我们要向银行交一笔手续费，这会增加我们的进口成本。
4. 信用证手续非常复杂，能不能采用别的付款方式？

---

[1] 承兑交单　chéng duì jiāo dān　documents against acceptance
[2] 分期付款　fēn qī fù kuǎn　payment by installment
[3] 电汇　diàn huì　（动）telegraphic transfer

第六课　你们采用什么付款方式

☆练习二 Exercise 2 ☆

两个人一组练习。卖方要求用信用证付款,买方建议改用别的付款方式。

The seller demands payment by L/C, while the buyer wants to pay by another payment term. Work in pairs using the hints below.

买方：……（问付款方式）
卖方：……（信用证）
买方：……（建议）

三、关于信用证 About L/C

1. 信用证的有效期到什么时候?
2. 我们什么时候开立信用证?
3. 信用证的有效期为装运日期后15天。
4. 信用证的有效期到6月20日。
5. 我们已向银行申请开立信用证。
6. 我们已向银行申请开立以你方为受益人的10万美元的信用证。
7. 请在5月20日以前开出以我方为受益人的信用证。

☆练习三 Exercise 3 ☆

两个人一组做下面关于信用证的问答练习。

Work in pairs. Do the following exercises about L/C.

1. A：……?（什么时候）
　 B：……
2. A：……?（有效期）
　 B：……
3. A：信用证已经开立了吗?
　 B：……（受益人、金额、有效期）

 说一说 Let's talk

1. 你是课文中的王经理，在和史密斯讨论完付款方式以后向公司总经理汇报这次谈判的结果。请参考下面的提示。

   You are the manager in our text. Tell the general manager of your company about the negotiation with Mr. Smith. Refer to the hints below.

   参考词语 Expressions for reference

   申请、开立、受益人、有效期、7月1日、8月15日

    提示 Hints

   > 王总，我今天和美国国际贸易公司的史密斯先生见面谈了……的问题，他同意……

2. 你们公司要进口一批服装，出口商要求用信用证付款，你们公司希望采用承兑交单或付款交单的方式，请你向对方说明以下几个方面的理由：

   Your company will import a shipment of clothes. The exporter only accepts L/C, while you want to pay by D/A or D/P. Explain it to the exporter. Follow the outline below:

   （1）保证金、手续费　　（2）手续　　（3）订货量　　（4）双方的关系

   时间：2分钟

   Time limit: 2 minutes

3. 你是一家贸易公司的部门经理，从一家中国公司进口了一批价值10万美元的货物，双方正在讨论付款方式问题。你方希望采用付款交单的方式，对方要求用信用证，最后双方同意"50%信用证＋50%付款交单"，并且要在3月15号以前开立信用证，有效期至5月1号。请设计出这段对话。

   You are the department manager of a trade company. Your company will import $100000 worth of goods from a Chinese company. Now the exporter and importer are discussing the payment term. You want to pay by D/P, while the exporter insists on L/C. At last, both sides agree to pay 50% by L/C and 50% by D/P. The L/C will be issued by March 15 and the expiration date will be May 1. Please create this conversation.

第六课　你们采用什么付款方式

> 提示 Hints
>
> 进口商：下面我们谈谈付款方式吧。……？
> 出口商：……（信用证）
> 进口商：……（建议别的方式、理由）
> ……
> ……

2

进口商：我们这次交易用什么货币结算？

出口商：最近人民币兑美元的汇率变动比较大，我建议用欧元结算，您看怎么样？

进口商：我完全同意，最近美元一直在贬值，用欧元结算比较好。这次交易的货款数额不大，贵公司能否接受付款交单？

出口商：我们通常只接受信用证付款，但考虑到贵公司是我们的老客户，多年来我们一直合作得非常愉快，这次我们可以接受付款交单。

进口商：太好了，您帮了我们公司的大忙。用信用证付款不但要付一笔手续费，而且还要交一大笔保证金，对我们这样的小企业来说影响太大了。

出口商：我们是老朋友了，相信您不会延期付款。按照我们公司的规定，付款交单要付30%的定金。

进口商：没问题，这笔定金用什么方式付款呢？

出口商：最好是电汇，直接把钱汇到我们公司的账户上，又快又方便。

进口商：好的，请告诉我贵公司的开户银行和账号，我们尽快办理电汇手续。

出口商：我们的开户行是中国工商银行北京分行，账号是6226-0202-0000-1466-114，户名是北京五星电器集团。
进口商：我记下来了。一会儿我给您发个传真确认一下，以免出错。
出口商：好的，我们收到定金以后马上装运。

生词 New words

1.	结算	jiésuàn	（动）	to balance, to settle accounts
2.	汇率	huìlǜ	（名）	exchange rate
3.	贬值	biǎnzhí	（动）	to depreciate
4.	按照	ànzhào	（介）	according to
5.	定金	dìngjīn	（名）	deposit
6.	电汇	diànhuì	（动）	telegraphic transfer
7.	账户	zhànghù	（名）	account
8.	确认	quèrèn	（动）	to confirm
9.	以免	yǐmiǎn	（连）	lest

答一答 Let's answer

两人一组，根据课文内容回答问题。
Work in pairs. Ask and answer the following questions according to the text.
1. 他们这次交易用什么货币结算？为什么不用美元结算？
2. 进口商建议采用哪种付款方式？为什么？
3. 出口商这次为什么愿意破例接受其他付款方式？
4. 进口商认为信用证付款有什么不便？
5. 对于付款交单，出口商有何要求？
6. 双方同意如何支付定金？
7. 要办理电汇手续需要哪些信息？
8. 出口商的开户行是哪儿？户名是什么？
9. 打完电话，进口商应该做什么？

填一填 Fill in the blanks

最近人民币兑美元的（　　　）变动比较大，美元不断（　　　），所以我们这次交易用（　　　）结算。交易的货款（　　　）不大，而且对方是我们多年的合作伙伴，所以我们没有用（　　　）付款，而是用

第六课 你们采用什么付款方式

（　　　），我相信他们不会（　　　）付款。（　　　）本公司的规定，如果采用付款交单，对方要付30%的（　　　）。他们决定使用（　　　），直接把钱（　　　）到我们公司的（　　　）上。

 Let's practise

一、结算货币 Settlement currency

> 1. 我们这次交易用什么货币结算？
> 2. 我们用什么货币结算（比较好）？
> 3. 人民币兑美元的汇率变动比较大，我建议用欧元结算。
> 4. 最近美元一直在贬值，用欧元结算比较好。
> 5. 我们一直都用美元结算。
> 6. 我们希望用美元结算。

☆练习一 Exercise 1 ☆

两个人一组做问答练习。问对方下面这些费用怎么结算。

Work in pairs. Ask your partner how to make the following payments.

（1）货款　　（2）工资　　（3）房费　　（4）手续费

参考词语 Expressions for reference

人民币、美元、英镑[1]、卢布[2]、日元

二、定金 Deposit

> 1. 贵公司必须付30%/10000元的定金。
> 2. 必须付定金是我们公司的规定。
> 3. 如果您付20%的定金，我们就给您保留这批货。
> 4. 您必须预付20%的货款（作为定金），我们才能发货。
> 5. 货到付款，不用付定金。

☆练习二 Exercise 2 ☆

两个人一组做问答练习。问对方下列情况要不要付定金、要付多少定金。

Work in pairs. Ask your partner if the deposit is needed under the following situation, and if it is, how much is needed.

（1）买房子　（2）买汽车　（3）预订房间　（4）订购100万美元的货物

---

[1] 英镑　Yīngbàng　（名）　Pound
[2] 卢布　Lúbù　（名）　Ruble

75

三、电汇 Telegraphic transfer (T/T)

1. 这笔定金用什么方式支付呢?
2. 最好是电汇,直接把钱汇到我们公司的账户上。
3. 我们用电汇把定金直接汇给贵公司。
4. 请告诉我贵公司的开户银行和账号,我们尽快办理电汇手续。

☆练习三 Exercise 3 ☆

两个人一组做问答练习。问对方下面这些钱要怎么支付,对方的开户银行和账号是什么。

Work in pairs. Ask your partner how to make these payments, and then ask for his/her company's bank and the account number.

(1) 5000美元的定金(中国银行上海支行、6200-7126-9364-5422-717)
(2) 50000人民币的欠款[3]
(3) 10000美元的货款

说一说 Let's talk

1. 你是课文中的进口商,办完定金的汇款手续以后打电话告诉对方,并且再次确认开户银行和账号以免出错。

   Play the role of the importer in the text. Tell the seller on the phone that you have remitted him the deposit, and confirm his company's bank and the account number.

   时间:2分钟
   Time limit: 2 minutes

   参考词语 Expressions for reference

   定金、电汇、汇、查收、确认、开户行、账号、以免

2. 中国国际贸易公司向你们公司订购了一批价值15万美元的货物,双方正在讨论付款方式的问题。请按照下面的提示完成对话。

   China International Trade Company has ordered $150,000 worth of goods from your company. Now both sides are discussing the payment term. Discuss in pairs, using the hints below.

---

[1] 欠款 qiànkuǎn (名) money that is owing

第六课　你们采用什么付款方式

1. 付款方式——信用证还是付款交单

2. 定金——付10%、20%还是30%

3. 定金支付方式——开户行、账号

3

对外贸易的主要付款方式有三种：信用证、电汇和付款交单，其中信用证用得最多，其次是电汇，付款交单用得较少。

信用证付款方式对出口商最有利，只要单据齐全就不用担心对方拒付或者延期付款，比较安全。缺点是手续复杂、费用较高，申请开立信用证要向银行交一笔保证金和手续费，增加了进口商的进口成本。

和信用证付款方式比起来，电汇手续非常简单，银行的手续费也低得多，一般都是几十美金，而信用证的手续费会多达几百美金。但是这种付款方式的风险比较大，能否按时收到货款或按时收到货，完全取决于对方的信用。

付款交单对买方比较有利，出口商能否收到货款，完全取决于进口商的信用。遇到信誉差的进口商，常常出现延期付款或拒付货款的现象。因此，这种付款方式多用于信誉比较好的进口商。

新丝路——中级速成商务汉语 II
XINSILU ZHONGJI SUCHENG SHANGWU HANYU II

生词 New words

1.	其次	qícì	（代）	the next
2.	有利	yǒulì	（形）	beneficial
3.	单据	dānjù	（名）	documents, receipts
4.	拒付	jùfù	（动）	to refuse to pay, to dishonor
5.	风险	fēngxiǎn	（名）	risk
6.	取决于	qǔjuéyú	（动）	to depend on

答一答 Let's answer

两人一组，根据课文内容回答问题。
Work in pairs. Ask and answer the following questions according to the text.

1. 国际贸易中哪种付款方式用得最多？
2. 用信用证付款对哪方有利？为什么？
3. 信用证的缺点是什么？(手续、费用、保证金和手续费、成本)
4. 电汇的优点和缺点分别是什么？(手续、手续费；风险、取决于)
5. 付款交单对哪方有利？
6. 什么情况下可以采用付款交单？

填一填 Fill in the blanks

根据课文内容填写三种付款方式的优点和缺点。
Fill in the advantages and disadvantages of the three kinds of payments according to the text.

付款方式	优点	缺点
信用证		
电汇		
付款交单		

说一说 Let's talk

请根据课文内容用自己的话回答下列问题，然后两人一组设计相关对话。
According to the text work in pairs. Ask and answer the following questions, then create a conversation.

1. 电汇的优点和缺点分别是什么？

第六课　你们采用什么付款方式

2. 信用证付款的优缺点分别是什么？
3. 有没有一种付款方式手续简单风险又小？
4. 自己的公司要进口一批中国的玩具，用信用证付款还是付款交单？
5. 自己的公司要出口一批小家电，双方初次合作，用哪种付款方式比较好？

A：×××，您好，我想向您咨询一个问题可以吗？
B：不用客气，什么问题？
A：……
B：……

本课介绍了国际贸易中三种主要的付款方式：电汇、付款交单和信用证。对于本书的学习者，我们不要求大家掌握这三种付款方式的细节，学完本课对于国际贸易中的付款方式有个大致的了解即可。下面是这三种付款方式的流程图，希望能对大家有所帮助。为了便于大家学习、理解，我们简化了其中的部分环节。

电汇流程图 Flow diagram for TT

付款交单流程图 Flow diagram for D/P

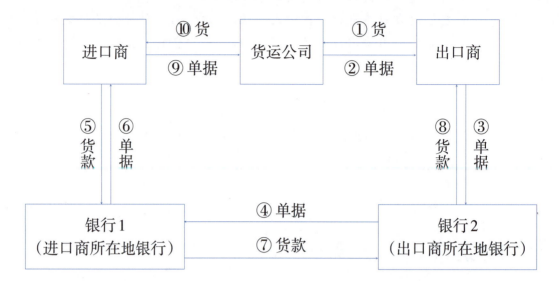

信用证流程图 Flow diagram for L/C

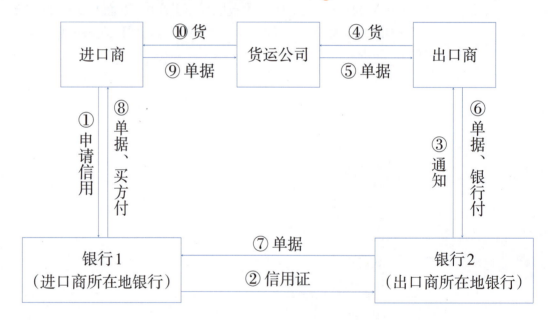

第六课　你们采用什么付款方式

附 录 Appendix

世界部分国家货币名称
Currency in some countries

国家或地区	中文名称	英文名称	标准符号
澳大利亚	澳大利亚元	Australian Dollar	AUD
俄罗斯	卢布	Russian Ruble	SUR
韩国	韩元	Korean Won	KPW
加拿大	加元	Canadian Dollar	CAD
美国	美元	U.S.Dollar	USD
欧洲货币联盟	欧元	Euro	EUR
日本	日圆	Japanese Yen	JPY
泰国	泰铢	Thai Baht	THP
新加坡	新加坡元	Singapore Dollar	SGD
新西兰	新西兰元	New Zealand Dollar	NZD
印度	卢比	Indian Rupee	INR
英国	英镑	British Pound	GBP
越南	越南盾	Vietnamese Dong	VND
中国	人民币元	Chinese Yuan	CNY
中国澳门	澳元	Macau Pataca	MOP
中国香港	港元	Hong Kong Dollar	HKD

第七课

你们打算怎么包装

1

王经理：史密斯先生，我们谈一谈保险问题吧。保险问题非常重要，一旦发生了意外，如果保险公司不赔偿，我们的损失会相当大。

史密斯：您说得很对，如果得不到保险公司的赔偿，后果将不堪设想，我们也很重视这个问题。保险应该是由贵公司负责是吧？

王经理：对，是由我们负责，我们准备在中国人民保险公司投保，这家公司是中国最大的保险公司之一，信誉非常好。

史密斯：很好。我想了解一下，贵公司想投保哪些险别呢？

王经理：海运货物保险包括基本险和附加险。基本险又分为平安险、水渍险和一切险三种，附加险包括十几种险别，我们准备投保一切险。

史密斯：一切险并不是包括所有的风险，对不对？

王经理：您说得很对，有些情况保险公司是不负责赔偿的。如果贵公

第七课　你们打算怎么包装

司想投保其他险别,我们也可以安排。

史密斯:我想先了解一下,保险费率是多少?

王经理:一切险的保险费率为3‰,险别不同费率也不一样,如果您想了解这方面的情况,我可以把所有的险别和保险费率给您传真过去。

史密斯:非常感谢,我们决定投保哪种险别以后马上通知贵公司。

王经理:好,我们等您的消息。

生词 New words

1.	保险	bǎoxiǎn	(名)	insurance
2.	赔偿	péicháng	(动)	to compensate
3.	不堪设想	bù kān shèxiǎng		can't imagine
4.	投保	tóu bǎo		to insure
5.	险别	xiǎnbié	(名)	type of insurance
6.	附加险	fùjiāxiǎn	(名)	additional risks
7.	平安险	píng'ānxiǎn	(名)	free from particular average
8.	水渍险	shuǐzìxiǎn	(名)	with particular average
9.	一切险	yíqièxiǎn	(名)	against all risks
10.	费率	fèilǜ	(名)	premium rate

专名 Proper noun

中国人民保险公司　　Zhōngguó Rénmín Bǎoxiǎn Gōngsī
People's Insurance Company of China

答一答 Let's answer

两人一组,根据课文内容回答问题。

Work in pairs. Ask and answer the following questions according to the text.

1. 为什么说保险问题非常重要?(一旦、不赔偿、损失、后果)
2. 这次由哪一方负责投保? 他们准备在哪家公司投保?
3. 王经理的公司准备投保什么险别?
4. 一切险包括所有的风险吗?
5. 一切险的保险费率是多少? 其他险别呢?

填一填 Fill in the blanks

我们和美国国际贸易公司的这次交易（　　　）由我们负责办理，我们准备在中国人民保险公司（　　　），这家保险公司的（　　　）非常好。海运保险有很多种（　　　），比如平安险、（　　　）和（　　　），另外还有十几种（　　　）。我们准备（　　　）一切险，保险（　　　）是3‰。其实，一切险并不是说所有的情况保险公司都会负责（　　　），所以史密斯先生打算再（　　　）别的险别。

练一练 Let's practise

一、投保人与保险公司 Insurance applicant and insurance company

1. 保险应该是由贵公司负责是吧？
2. 这批货应由贵公司（负责）投保。
3. 我们只负责投保一切险，如果贵公司要投保别的险别，费用由你们承担。
4. 我们准备在中国人民保险公司投保。
5. 您认为在哪家保险公司投保比较好？
6. 您认为在哪家保险公司上保险比较好？

☆练习一 Exercise 1 ☆

两个人一组，分别是进口商和出口商，讨论下面两个保险问题。

Work in pairs. One plays the importer and the other plays the exporter. Ask your partner the following questions.

（1）保险由哪一方负责办理？负责什么险别？
（2）在哪家保险公司投保？为什么？（信誉、办事处、费率）

二、投保险别 Insurance types

1. 贵公司想投保哪些险别呢？
2. 我们的货物应该投保什么险别（比较好）？
3. 我们的货物上什么保险比较好？
4. 我们准备（为这批货物）投保一切险。
5. 水渍险和一切险比较适合贵公司的货物。
6. 如果贵公司想投保其他险别，我们也可以安排。
7. 如果贵公司想投保其他险别，保险费由贵公司承担。

第七课　你们打算怎么包装

☆练习二 Exercise 2 ☆

两个人一组,一个是卖方,一个是买方,讨论下面几个保险问题。

Work in pairs. One plays the seller and the other plays the buyer. Ask your partner the following questions.

(1) 谁负责投保？　　　　　　　　(2) 投保哪些险别？

(3) 有其他险别适合这批货物,如果要求投保,保险费由谁承担？

三、保险费率 Insurance premium rate

1. (一切险的)保险费率是多少？
2. 一切险的保险费率为3‰。
3. 您能给我介绍一下各种险别的保险费率吗？
4. 险别不同费率也不一样。

☆练习三 Exercise 3 ☆

两个人一组练习。根据下面的表格,相互询问各种险别的费率。

Work in pairs. Using the information below, ask your partner the insurance premium rates for different risks.

空运保险费率表

目的地	空运险	空运一切险
港、澳、台、日本、韩国	0.07%	0.25%
其他世界各地	0.12%	0.35%

海运保险费率表

洲别	目的地	平安险	水渍险	一切险
亚洲	港、澳、台、日本、韩国	0.08%	0.12%	0.25%
	其他国家或地区	0.15%	0.20%	1.00%
	欧洲、美洲、大洋洲	0.15%	0.20%	0.50%
	非洲	0.20%	0.30%	2.50%

提示 Hints

我们公司有一批货想空运/海运到……,我想问一下……

说一说 Let's talk

1. 你是课文中的史密斯先生，向公司汇报你和王经理的谈判结果，要求介绍以下内容：
   Play the role of Mr. Smith in the text. Report to the manager of your company on the negotiation between Manager Wang and you. Follow the outline below:
   （1）哪一方负责投保　　（2）在哪家公司投保
   （3）投保哪些险别　　　（4）你认为还应该投保哪些险别并说明费用由谁承担
   时间：2分30秒
   Time limit: 2 minutes 30 seconds

2. 你们公司从中国一家公司进口了一批服装，双方正在讨论保险问题。请按照提示设计下面的对话。
   Your company has imported a shipment of clothes from a Chinese company. You are discussing the insurance issue now. Create the conversation with your partner using the cues below.

 提示 Hints

进口方	出口方
进口方：这批服装的保险应该由贵公司……，我想了解一下，……（投保公司） 出口方：…… 进口方：……（险别） 出口方：…… 进口方：……（增加别的险别） 出口方：…… 进口方：没问题。那就这么说定了。	进口方：…… 出口方：…… 进口方：…… 出口方：……（险别） 进口方：…… 出口方：……（保险费问题） 进口方：……

试一试 Let's try

如果你在保险公司工作，有位客户要为运往欧洲的一批货物投保，想了解一些海运保险的情况。请你给他介绍一下，要求包括以下内容：
You work for an insurance company. A client wants to insure the goods to be exported to Europe. You need to give an account of the marine insurance policy to him. The following points should be covered:

第七课　你们打算怎么包装

(1) 海运保险分为几大类,主要的险别
(2) 主要险别的保险费率情况(参考练习三中保险费率的表格)
(3) 使用这些词语:包括、分为、平安险、水渍险、一切险

时间:3分钟

Time limit: 3 minutes

2

(买卖双方正在讨论茶具¹的包装问题)

出口商:李先生,对于产品的包装,您有什么意见吗?

进口商:昨天我看了内包装样品,觉得还需要改进。

出口商:您比我们了解韩国消费者的心理和需要,我们很想听听您的意见。

进口商:我们希望在包装纸盒上印上具有中国民族特色的图案,这样能吸引消费者,有助于产品销售,另外颜色最好鲜艳一些。

出口商:您的意见很好,我们会重新设计包装图案。

进口商:外包装方面你们打算怎么包装?使用什么包装箱?

出口商:外包装我们准备用硬纸板箱,一箱装一打。纸箱重量轻,搬运方便。

进口商:这样的外包装恐怕不太结实,不适合海运,是不是可以考虑使用木板箱呢?

出口商:使用木板箱包装费将大大增加。您放心吧,我们的产品出口到多个国家,用的都是纸箱,从来没有出过问题,必要的时候我们会用包装带加固纸箱。

---

¹ 茶具　chájù　(名)　tea set

进口商：如果是这样，我就放心了。纸箱上请用中文和韩文标明"小心轻放"的字样，另外请标明品名、数量、毛重和净重。

出口商：我们会按照贵公司的要求去做，请您放心。

进口商：非常感谢，一定要保证包装质量。

生词 New words

1.	包装	bāozhuāng	（动/名）	to pack; packing
2.	内包装	nèibāozhuāng	（名）	inner packing
3.	改进	gǎijìn	（动）	to improve
4.	具有	jùyǒu	（动）	to have, to possess
5.	特色	tèsè	（名）	character
6.	图案	tú'àn	（名）	pattern
7.	有助于	yǒuzhùyú	（动）	to contribute/help to
8.	外包装	wàibāozhuāng	（名）	outer packing
9.	硬纸板箱	yìngzhǐbǎnxiāng	（名）	carton
10.	木板箱	mùbǎnxiāng	（名）	wooden case
11.	包装带	bāozhuāngdài	（名）	packing strap
12.	加固	jiāgù	（动）	to reinforce
13.	字样	zìyàng	（名）	printed or written words
14.	毛重	máozhòng	（名）	gross weight
15.	净重	jìngzhòng	（名）	net weight

答一答 Let's answer

两人一组，根据课文内容回答问题。

Work in pairs. Ask and answer the following questions according to the text.

1. 进口商觉得内包装怎么样？
2. 进口商认为内包装应该怎么设计？（印上……图案、吸引、有助于、颜色）
3. 外包装方面出口商打算使用什么包装箱？每箱装多少？
4. 硬纸板箱的优势是什么？进口商担心什么？
5. 出口商同意改用木板箱吗？为什么？
6. 进口商对外包装上的字样有什么要求？

第七课　你们打算怎么包装

填一填 Fill in the blanks

这次往韩国出口的茶具，根据客户的意见（　　　）了包装。内包装上印上了（　　　）民族特色的（　　　），客户说这样（　　　）销售，另外，颜色也更加（　　　）了。外包装使用的材料是（　　　），一箱装（　　　），非常轻便，为了使包装更加结实，我们用包装带（　　　）。客户还要求我们在纸箱上写上毛重和（　　　）以及"小心轻放"的（　　　）。

练一练 Let's practise

一、包装和包装材料 Packing and packing material

1. 你们打算怎么包装？使用什么材料的包装箱？
2. 贵公司对包装有什么要求吗？
3. 外包装我们准备用硬纸板箱，一箱装一打。
4. 这批衬衣的内包装用塑料[1]袋，一个袋装一件；外包装用纸板箱，一箱装50件。
5. 包装箱用包装带加固。
6. 这样的外包装恐怕不太结实，不适合远距离海运。
7. 这样的内包装有助于产品销售。

☆练习一 Exercise 1 ☆

两个人一组，分别是买卖双方，讨论下列产品的包装问题。

Work in pairs. One plays the seller and the other plays the buyer. Ask your partner how to pack the following goods.

(1) 电视机　　(2) 茶叶（一个纸盒装250克，一个纸箱装4盒）
(3) 衬衣　　(4) 50公斤重的机器（木箱，加固）

---

[1] 塑料　sùliào　（名）plastic

二、字样、图案和包装设计 Words, patterns and packing design

1. 你们对包装有什么要求？
2. 内包装上印上具有中国民族特色的图案，颜色最好鲜艳一些。
3. 外包装上请用中文和韩文标明"小心轻放"的字样，另外请标明品名、数量、毛重和净重。
4. 内包装应该美观大方，颜色要鲜艳一些。

☆练习二 Exercise 2 ☆

两个人一组，相互询问对方对下面产品的标记、包装有什么要求。
Work in pairs. Ask your partner whether he/she has some special needs when packing the following goods.

（1）玩具（动物图案、植物图案、卡通图案）
（2）冰箱（"小心轻放"字样、"此面向上"字样、重量、包装尺寸）
（3）牛奶（生产日期、保质期）
（4）香烟（"吸烟有害健康"字样）

 说一说 Let's talk

1. 如果你是课文中的进口商，请你介绍一下这次进口的茶具的包装，要求说明以下内容：
   Play the role of the importer in the text. Give an account of how the imported tea sets should be packed. The following points should be covered:

   （1）内包装材料、图案　　　　（2）外包装材料、是否加固
   （3）外包装的容量和上面的字样

   时间：2分钟
   Time limit: 2 minutes

2. 你们公司从中国进口了一批毛绒[1]玩具，你正在和中国公司的经理讨论包装问题。双方同意内包装用塑料袋，外包装用纸箱。两个人一组设计这段对话，要求说明以下内容：
   Your company has imported a shipment of plush toys from China. You are discussing the packing issue. Both sides agree to use plastic bags for the inner packing and cartons for the outer packing. Work in pairs to make the dialogue. The following points should be covered:

---

[1] 毛绒　máoróng　（名）　plush

第七课　你们打算怎么包装

(1) 内包装材料　　(2) 内包装颜色、图案　　(3) 外包装材料、是否加固
(4) 外包装容量　　(5) 外包装的图案和字样(防水[1]、防潮[2]等)

3

国际贸易中的商品，一般都要经过长途运输才能到达客户手中。为了把运输中的损失减少到最低限度，外包装必须结实、科学。不同的商品要有不同的包装，例如玻璃制品容易破碎，这就要求外包装应该防震，需要在包装箱内使用泡沫塑料或防震纸板；服装怕潮，应该使用塑料等防水、防潮的包装材料。不同运输方式对外包装的要求不同，例如，海运包装要求结实，铁路运输包装要求不怕震动，空运包装要求轻便。

另外有些国家规定不能使用某些包装材料；有的国家规定，如果货物的包装不符合要求，买方有权拒收。所以包装前必须考虑有关国家的法律规定和客户的要求。

生词 New words

1. 限度　　　　xiàndù　　　　（名）　　limit
2. 制品　　　　zhìpǐn　　　　（名）　　product
3. 防震　　　　fángzhèn　　　（形）　　shockproof
4. 泡沫塑料　　pàomò sùliào　　　　　foam plastic
5. 防潮　　　　fángcháo　　　（形）　　moisture-proof
6. 震动　　　　zhèndòng　　　（动）　　to shake, to shock

---

[1] 防水　fángshuǐ　（形）　waterproof
[2] 防潮　fángcháo　（形）　moisture-proof

答一答 Let's answer

两人一组,根据课文内容回答问题。

Work in pairs. Ask and answer the following questions according to the text.

1. 国际贸易中对外包装有什么要求?原因是什么?
2. 玻璃制品的外包装应该注意什么?
3. 服装的外包装应该使用什么材料?
4. 为什么包装前必须考虑有关国家的法律规定?

填一填 Fill in the blanks

根据课文内容填写下面的表格。

Fill in the blanks according to the text.

条件	对包装的要求
玻璃制品	
服装	
海运	
空运	
铁路运输	

说一说 Let's talk

1. 你是一家运输公司的员工,一位客户来咨询你一些和包装有关的问题。请你根据课文内容给他一些建议。

You work for a transport company. A client is consulting you about the packing. Give him/her some good advice according to the text.

(1) 出口一批花瓶怎么包装
(2) 出口一批衬衣怎么包装
(3) 空运一批酒杯怎么包装
(4) 海运对包装有什么要求
(5) 铁路运输包装要注意什么

提示 Hints

A:您好,我想向您咨询一个问题可以吗?
B:不用客气,什么问题?
A:……
B:……

第七课　你们打算怎么包装

2. 在对外贸易中,包装是非常重要的一个环节。请你结合课文内容和自身体会说说包装的重要性。可以从下面两个方面来考虑:

Packing plays an important role in the international trade process. Talk about the importance of packing according to the text and your own understanding. Follow the outline below:

（1）内包装对销售的影响
（2）外包装在运输中的重要作用

时间:3分钟

Time limit: 3 minutes

参考词语 Expressions for reference

内包装、外包装、图案、字样、美观大方、特色、吸引、消费习惯和心理、有助于、结实、科学、损失、限度

 Commerce knowledge

中国海运保险险别 Types of Marine Insurance in China

根据中国人民保险公司制定的《中国海洋运输货物保险条款》,海运保险的险别可以分为基本险和附加险,其中附加险又分为一般附加险和特殊附加险。我们用下面的图表表示:

基本险别 Types of Basic Risks

1	平安险	Free from Particular Average
2	水渍险	With Particular Average
3	一切险	All Risks

一般附加险别 Types of General Additional Risks

1	偷窃、提货不着险	Theft, Pilferage and Non-delivery Risk
2	淡水雨淋险	Fresh Water and/or Rain Damage
3	短量险	Risk of Shortage
4	玷污险	Risk of Intermixture and Contamination
5	渗漏险	Risk of Leakage
6	碰损破碎险	Risk of Clash and Breakage
7	串味险	Risk of Odor
8	受潮受热险	Sweat and Heating Risk
9	钩损险	Hook Damage Risk
10	包装破损险	Breakage of Packing Risk
11	锈损险	Rust Risk

特殊附加险别 Types of Special Additional Risks

1	战争险	War Risk
2	罢工险	Strikes Risk
3	交货不到险	Failure to Deliver Risk
4	进口关税险	Import Duty Risk
5	舱面险	On Deck Risk
6	黄曲霉素险	Aflatoxin Risk

第八课

我们想做贵公司的独家代理

1

王经理：史密斯先生，我们正在找一家公司做本公司在北美市场的独家代理，不知道贵公司有没有兴趣？

史密斯：当然，我们对此很感兴趣，不过我想了解一些具体情况，比如代理条件、代理期限和地区、佣金比例等。

王经理：贵公司作为本公司在北美市场的独家代理，不能再销售其他公司的同类产品，而且除了北美市场，贵公司不能把产品销售到其他地区。

史密斯：这个我很清楚。如果北美市场的客户直接向贵公司订货，你们将怎么处理？

王经理：如果他们和本公司直接交易，我们会照样付给贵公司佣金。

史密斯：这个规定很合理。那么佣金呢，我们可以拿到多少佣金？

王经理：佣金是销售额的6%，我们世界各地的独家代理的佣金率是统一的。

史密斯：6％有点低，我们的客户不了解你们的产品，要推销贵公司的产品，这需要很大一笔广告费。

王经理：广告费和其他推销费用双方各承担一半怎么样？

史密斯：我同意您的提议。

王经理：我们谈得很顺利，如果没有问题，我们将与贵公司签订一份为期三年的独家代理协议。

史密斯：我们商量一下，尽快给您答复。

生词 New words

1. 独家代理	dújiā dàilǐ		sole agent, sole agency
2. 期限	qīxiàn	（名）	term
3. 照样	zhàoyàng	（副）	as usual
4. 佣金	yòngjīn	（名）	commission
5. 佣金率	yòngjīn lǜ	（名）	commission rate
6. 统一	tǒngyī	（形）	unified
7. 提议	tíyì	（名）	proposal
8. 签订	qiāndìng	（动）	to sign
9. 为期	wéiqī	（动）	to serve as the date, for a certain period
10. 协议	xiéyì	（名）	agreement

答一答 Let's answer

两人一组，根据课文内容回答问题。

Work in pairs. Ask and answer the following questions according to the text.

1. 王经理正在和史密斯先生谈什么事情？
2. 作为独家代理，在销售的产品和销售地区方面要注意什么？
3. 如果北美市场的客户直接从王经理的公司订货，他们应该怎么处理？
4. 作为独家代理，佣金率是多少？
5. 史密斯先生认为这个佣金率怎么样？为什么？
6. 王经理做了什么让步？
7. 他们下一步将要做什么？

第八课　我们想做贵公司的独家代理

填一填 Fill in the blanks

我们公司现在正在找一家公司做本公司在北美市场的(　　　)，代理(　　　)是三年。作为我们的代理，他们不能销售其他公司的(　　　)产品，如果北美市场的客户直接向本公司订货，代理照样拿到(　　　)，我们的(　　　)是6%，世界各地都是(　　　)的。另外，本公司将(　　　)一半的推销费用和(　　　)。如果双方同意合作，我们将签订一份(　　　)三年的代理协议。

练一练 Let's practise

一、寻找代理 Seeking the sales agent

1. 我们正在找一家公司做本公司在北美市场的独家代理，不知道贵公司有没有兴趣？
2. 我们想在北美市场找一家家电独家代理，贵公司有没有兴趣？
3. 贵公司愿意做本公司在北美市场的家电独家代理吗？
4. 贵公司愿意独家代理本公司的新产品吗？

☆练习一 Exercise 1 ☆
两个人一组，根据下面表格提供的信息，模仿上面的例句做寻找代理的问答练习。
Work in pairs. Tell your partner what type of agents you are seeking. Use the cues below.

地区	产品	条件
中国东北	手机	总代理
上海	T20笔记本电脑	独家代理
亚洲	新型商务轿车	代理

二、代理条件(一) Agency terms (1)

1. 贵公司作为本公司在北美市场的独家代理，不能再销售其他公司的同类产品。
2. 贵公司作为本公司在北美市场的独家代理，不能把产品销售到其他地区。
3. 如果代理地区的公司和本公司直接交易，我们会照样付给贵公司佣金。
4. 作为本公司在欧洲市场的总代理，代理期限不能少于三年。

☆练习二 Exercise 2 ☆

两个人一组,模仿上面的例句完成下面的对话。

Work in pairs. Complete the following conversation with the sentences above.

 提示 Hints

A:我们想做贵公司在上海的手机/MP3/家电独家代理,不知道有什么条件?
B:……

三、关于佣金 Commission

1. 我们可以拿到多少佣金?
2. 你们想要多少佣金?
3. 佣金率是多少?
4. 佣金是销售额的6%,我们的佣金率是统一的。
5. 佣金是销售额的6%,另外我们承担一半的广告费。

☆练习三 Exercise 3 ☆

两个人一组根据表格设计对话,询问佣金率的问题。注意:下面代理的佣金率不是固定的而是根据销售额变化的。

Work in pairs. Make the conversation according to the table below. Note: The commission rate is not fixed but varies according to total sales.

年销售额(美元)	佣金率
10万	5%
20万	7%
30万以上	9%加一半广告费

 说一说 Let's talk

1. 如果你是课文中的史密斯先生,和王经理签订代理协议以后,向公司汇报谈判的情况,要求包括以下内容:

   Play the role of Mr. Smith in the text. Give an account of the agency terms after signing the agency agreement. Follow the outline and hints below:

   (1)代理地区　　(2)代理期限
   (3)代理条件　　(4)佣金和费用

   时间:2分30秒

   Time limit: 2 minutes 30 seconds

第八课　我们想做贵公司的独家代理

💡 **提示 Hints**

> 我们公司和北京五星电器集团签订了代理协议,本公司正式成为……(代理地区),……(代理期限)。作为他们公司的独家代理,……(代理条件、直接订货)。……(佣金率)。

2. 你们公司想在北京找一家独家代理销售复印机,正和一家中国公司谈判。两个人一组,模仿课文设计一段对话,主要讨论以下问题:

Your company is looking for a sole agent for the duplicator. You are negotiating with a Chinese company. Work in pairs to make the conversation. The following points should be covered:

(1)代理地区　(2)代理条件　　(3)佣金率　　　(4)代理期限

💡 **提示 Hints**

> A:我们想在北京找一家……,贵公司有没有兴趣?
> B:……

2

杨　　乐:李经理您好,我们想做贵公司在中国广东地区的独家代理,不知道是否可以?

李容时:杨主任,贵公司愿意做我们的代理我们非常荣幸。不过我们已经和几家公司签订了代理协议,恐怕不能委任贵公司做独家代理。

杨　　乐:那真是太遗憾了,我们公司有很好的家电销售网络,和批发商、零售商的关系非常好,与我们合作,一定能大大提高贵公司产品的销量。

李容时:我们新研发的节能冰箱年底上市,我们可以把这种新产品的独家代理权给你们,不知道贵公司是否感兴趣?

杨　乐：是全国的独家代理权吗？

李容时：不是，是广东地区的独家代理权，如果销售业绩好，可以考虑委任贵公司做全国独家代理。我想了解一下贵公司的销售计划。

杨　乐：我们计划每年销售两万台。

李容时：作为一个地区的独家代理，每年销售两万台少了点，翻一番——四万台，怎么样？

杨　乐：消费者接受新产品需要一段时间，我建议我们签订一份为期两年的代理协议，第一年销量为两万台，第二年四万台，您觉得怎么样？

李容时：这个建议很好。我们给代理商的佣金率是8%，如果贵公司的年销量超过三万台，可以把佣金率提高两个百分点。

杨　乐：我完全同意。贵公司对代理还有什么要求？

李容时：根据我们公司的规定，代理商必须每个季度向我们提交一份市场报告。

杨　乐：这个没有问题。

李容时：希望我们合作愉快！

生词 New words

1.	委任	wěirèn	（动）	to assign
2.	网络	wǎngluò	（名）	network
3.	批发商	pīfāshāng	（名）	wholesaler
4.	零售商	língshòushāng	（名）	retailer
5.	代理权	dàilǐquán	（名）	right of agency
6.	业绩	yèjì	（名）	business achievement
7.	番	fān	（量）	one time
8.	百分点	bǎifēndiǎn	（名）	percent
9.	提交	tíjiāo	（动）	to submit

专名 Proper noun

1.	杨乐	Yáng Lè	name of a person
2.	李容时	Lǐ Róngshí	name of a person

第八课 我们想做贵公司的独家代理

答一答 Let's answer

两人一组,根据课文内容回答问题。
Work in pairs. Ask and answer the following questions according to the text.
1. 杨乐有什么要求?
2. 李容时答应了杨乐的要求吗?为什么?
3. 在销售方面,杨乐的公司有什么优势?
4. 李容时承诺把什么产品在什么地区的独家代理权给杨乐的公司?
5. 在什么条件下,杨乐的公司可以成为全国独家代理?
6. 按照杨乐的计划,他们的年销售量是多少?
7. 李容时认为杨乐的销售计划怎么样?他希望年销售量是多少?
8. 杨乐新的销售计划是什么?
9. 作为代理商,杨乐的公司可以拿到多少佣金?佣金率是固定不变的吗?
10. 作为代理商,杨乐的公司还有什么义务?

填一填 Fill in the blanks

　　杨主任的公司想做本公司在广东的(　　　),可是我们已经和几家公司签订了(　　　),不能答应他们的要求。我们打算把新产品节能冰箱的独家(　　　)给他们,他们公司和(　　　)、零售商的关系不错,有很好的销售(　　　),一定可以提高产品的销量。代理协议的(　　　)是两年,佣金率是8%,如果年销量(　　　)三万台,佣金率将提高两个(　　　)。

练一练 Let's practise

一、要求做代理 Requesting to be the sales agent

1. 我们想做贵公司在中国广东地区的独家代理,不知道是否可以?
2. 我们想做贵公司在韩国的独家代理,推销贵公司的新产品。
3. 希望贵公司能把新产品/手机的独家代理权给我们。

☆练习一 Exercise 1 ☆
两个人一组,根据表格设计对话练习,一方希望做另一方在某地区的代理。
Work in pairs. Tell your partner that you want to be their sales agent. Use the cues below.

地区	产品	条件
韩国	瓷器	总代理
美国	茶具	独家代理
东京	茶叶	代理

二、代理条件(二) Agency terms (2)

1. 作为一个地区的独家代理,每年至少要销售4万台。
2. 作为我们的代理,贵公司每年的订货量必须在10000台以上。
3. 作为本公司的手机独家代理,年销售额必须达到20万美元。
4. 根据我们公司的规定,代理商必须每四个月向我们提交一份市场报告。

☆ 练习二 Exercise 2 ☆

模仿上面的例句,两个人一组完成下面的对话。

Work in pairs. Complete the following conversation with the sentences above.

 提示 Hints

A: 我们想做贵公司在……的手机/MP3/茶叶独家代理,不知道有什么条件?
B: ……

 说一说 Let's talk

1. 你是课文中的杨主任,希望对方把节能冰箱在广东的独家代理权给你们公司。请你说一段话表明自己的意思,要求包括以下内容:

   You are Director Yang in the text who wants to be the sole agent for the energy-saving refrigerators in Guangdong. Now Make the statement including the following information:

   (1)申请的理由(良好的销售网络等)　　(2)销售计划　　(3)对佣金的要求

   时间:2分钟

   Time limit: 2 minutes

 提示 Hints

李经理,贵公司新研发的节能冰箱马上就要上市了,我们希望……

第八课　我们想做贵公司的独家代理

2. 你们公司想做中国某茶叶公司的独家代理,正在和他们谈代理条件。两个人一组设计一段对话进行练习,应包括以下内容:

Your company wants to be the sole agent for a Chinese tea company. Now you are negotiating terms with them. Work in pairs. Make the dialogue including the following points:

(1)自己公司的优势　　(2)年销售量或销售额　　(3)佣金率

> A：据我们所知,贵公司目前在……还没有代理,我们希望……
> B：很高兴能和贵公司合作,我们想先了解一下贵公司的情况。
> A：……(情况及优势)
> ……
> ……

3

国际贸易中的代理,主要是销售代理。出口商与国外的代理商签订代理协议,委任他们推销商品,按照佣金率和交易数额支付佣金。代理商熟悉当地市场情况,更容易与当地的批发商、零售商建立业务关系,代理商也可以用已有的销售网络,帮助出口商开发国外市场、增加产品的销量。

销售代理可分为三种:总代理、独家代理和一般代理。

总代理是出口商的全权代表,代表出口商从事销售和其他各种商务活动,并且有权委任代理。

独家代理是有商品专卖权的代理,出口商不能在协议规定的地区找别的代理。

一般代理是没有商品专卖权的代理商,出口商可同时委任若干个代理在同一个地区推销相同的商品。

生词 New words

1.	熟悉	shúxī	（动）	to be familiar with
2.	建立	jiànlì	（动）	to establish
3.	总代理	zǒngdàilǐ	（名）	general agent
4.	全权	quánquán	（名）	full authority
5.	从事	cóngshì	（动）	to be engaged in
6.	专卖权	zhuānmàiquán	（名）	right of monopoly
7.	若干	ruògān	（数）	some, several

答一答 Let's answer

两人一组，根据课文内容回答问题。

Work in pairs. Ask and answer the following questions according to the text.

1. 在国际贸易中，出口商根据什么支付佣金？
2. 在国际贸易中，出口商为什么要找代理？（熟悉、业务关系、销售网络、开发、增加）
3. 哪一种代理有权委任代理？
4. 哪种代理可以代表出口商从事各种商务活动？
5. 哪种代理没有商品专卖权？

试一试 Let's try

两个人一组，请你用学过的知识回答下面两个关于代理的问题，可参考下面的提示。

Work in pairs. Ask and answer the following questions using what we have learned in the text.

（1）总代理就是独家代理吗？
（2）独家代理和一般代理有什么不同？

 提示 Hints

> A：×××，我想请教你一个问题，……
> B：……

第八课　我们想做贵公司的独家代理

 Let's talk

你是一家公司的市场部经理,为了增加产品在中国市场的销量,你建议委任一家中国公司为总代理。但在部门经理会议上有人反对,请你发言说服大家接受你的建议,要求说明以下内容:

You are the marketing manager. You advise your company to authorize a Chinese company to be the sole agent, which will increase the sales of your products. But some managers are opposed to your proposal. Make a speech to persuade others to accept your proposal. Be sure to cover the following information:

(1) 总代理的情况　　　　(2) 委任代理商的好处

时间:2分钟

Time limit: 2 minutes

参考词语 Expressions for reference

规模、信誉、熟悉、消费习惯和心理、业务关系、销售网络、开发、销量、佣金

 提示 Hints

> 为了增加产品销量,我建议委任北京五星电器集团为……

第九课

我们什么时候签合同

1

王经理：史密斯先生，非常高兴，我们双方在付款方式、包装、保险几个问题上都达成了一致。

史密斯：是啊，我也很高兴。这是我们双方首次合作，虽然开始在一些问题上存在分歧，但我们双方都很有诚意，最终达成了一致意见。

王经理：这是我们公司草拟的一份合同草案，请您过目，如果您有什么意见请告诉我们以便修改。

史密斯：你们效率够高的，这么快就把合同草案写好了。合同有英文的吗？

王经理：有，合同一式两份，中文、英文的文本都有，您都检查一下，看有没有问题。

史密斯：我们把合同的每一个条款都认真检查一下，您觉得怎么样？

王经理：我完全同意。

史密斯：前面的条款都没有问题，不过装运日期这一条我有点意见。

第九课　我们什么时候签合同

王经理：您请说。

史密斯：合同草案上说"收到信用证后尽快装运"，如果改成"收到信用证后7日内装运"是不是更明确一些？

王经理：您的意见提得很好，我们一定修改。您觉得还有什么地方需要修改？

史密斯：我觉得在合同最后应该再加一条：本合同自签订之日起生效。您觉得怎么样？

王经理：这一条很重要，我们忘了写进去了，稍后会加上。

生词 New words

1. 达成　　　dáchéng　　　（动）　to reach (an agreement)
2. 一致　　　yízhì　　　　（形）　uniform, consistent
3. 分歧　　　fēnqí　　　　（名）　disagreement, difference
4. 草拟　　　cǎonǐ　　　　（动）　to draft
5. 合同　　　hétong　　　　（名）　contract
6. 草案　　　cǎo'àn　　　　（名）　draft
7. 过目　　　guòmù　　　　（动）　to look over
8. 以便　　　yǐbiàn　　　　（连）　for the convenience of, in order to
9. 修改　　　xiūgǎi　　　　（动）　to modify, to revise
10. 效率　　xiàolǜ　　　　（名）　efficiency
11. 一式两份　yí shì liǎng fèn　　　in duplicate
12. 条款　　tiáokuǎn　　　（名）　item, clause, article
13. 生效　　shēngxiào　　　（动）　to take effect

答一答 Let's answer

两人一组，根据课文内容回答问题。

Work in pairs. Ask and answer the following questions according to the text.

1. 他们的谈判结果怎么样？（开始、分歧、诚意、最终、一致）
2. 王经理给史密斯先生看什么文件？他请史密斯先生做什么？
3. 合同是用几种语言写的？
4. 史密斯先生对哪个条款有意见？他建议怎么修改这一条款？
5. 史密斯先生还有什么修改意见？

填一填 Fill in the blanks

我们和美国国际贸易公司开始谈判的时候,存在一些(　　　),但是双方都很有(　　　),所以最后我们在所有问题上都达成了(　　　)。今天我们(　　　)了一份合同(　　　),请史密斯先生提意见。他每个(　　　)都认真检查了一遍,提了两条意见:一是要修改装运日期,二是(　　　)一条"本合同自签订之日起(　　　)"。他说得很有道理,我们按照他的话(　　　)了草案。

练一练 Let's practise

一、"达成一致"的用法 Usage of the phrase "达成一致"

1. 非常高兴,我们双方在付款方式、包装、保险几个问题上都达成了一致。
2. 虽然开始在一些问题上存在分歧,但我们双方都很有诚意,最终达成了一致意见。
3. 双方就合作问题达成了一致意见。
4. 这六个国家昨天就减少石油出口达成了一致意见。
5. 我们已经初步达成了一致意见,有些细节还需要进一步讨论。
6. 很遗憾,在这个问题上我们没能达成一致意见。

☆练习一 Exercise 1 ☆
两个人一组,模仿上面的例句相互提问并回答下列问题。
Work in pairs. Ask and answer the following questions.
(1) 你们的价格谈判进行得怎么样了?
(2) 对方同意我们的包装要求吗?
(3) 对方同意投保平安险吗?
(4) 关于佣金你们谈得怎么样了?
(5) 谈判的最终结果如何?

二、草拟、修改合同 Drafting and modifying a contract

1. 这是我们公司草拟的一份合同草案,请您过目。
2. 我们起草了一份合同草案,请您看一下。
3. 如果您有什么意见请告诉我们以便修改。
4. 我们把合同的每一个条款都认真检查一下。
5. 一些重要的细节我们还要再检查一遍。

第九课 我们什么时候签合同

6. 前面的几个条款都没有问题,不过付款方式这一条我有点意见。
7. 如果改成"收到信用证后7日内装运"是不是更明确一些?
8. 我觉得在合同最后应该再加一条:本合同自签订之日起生效。
9. 我认为应该再补充一条。

☆练习二 Exercise 2 ☆

1. 读上面的句子。 Read the sentences above.
2. 下面是一些合同的条款。两个人一组模仿上面的例句做对话练习,告诉对方修改意见,可参考后面的提示。
   Below are some contract clauses. Some modifications will be needed. Work in pairs to create the conversation.
   (1)交货日期:交货日期为10月中旬。
   (2)付款方式:信用证付款。买方6月底之前向银行申请开立以卖方为受益人的信用证。
   (3)保险:由卖方购买。

参考词语 Expressions for reference

过目、以便、修改、检查、条款、改成、补充

 提示 Hints

A:这是我们草拟的一份合同,……
B:……

 说一说 Let's talk

你们公司和一家中国公司谈成了一笔交易,合同草案你们已经写好了。今天和对方经理见面,请你说一段话,表达以下内容:
Your company has made a business deal with a Chinese company. The contract has been drafted. Now you are meeting their representatives to discuss the draft contract. Make a statement about it. Follow the outline below.
(1)总结刚结束的谈判　　(2)感谢对方的合作
(3)希望以后继续合作　　(4)请对方提修改意见
时间:3分钟
Time limit: 3 minutes

参考词语 Expressions for reference

分歧、一致、诚意、经过长时间的谈判、过目、修改、以便

2

王经理：史密斯先生，这是修改过的合同草案，请您过目，看看还有没有要修改的地方。

史密斯：你们做得很好，辛苦了！我看没什么要修改的了。

王经理：既然如此，我们什么时候签合同呢？

史密斯：越快越好，这个周末我就要回国了，王总出差回来了吗？

王经理：王总下周才能回来，您看这样好吗？您先在合同上签字，等王总签完字，我用特快专递给贵公司寄过去。

史密斯：这个主意不错，就这么办吧。

王经理：我们的合同有中文和英文两个版本，都是一式两份，请您在这儿签字。

史密斯：（签字）很高兴能和贵公司合作，我们的谈判很顺利，希望合同履行起来也很顺利。

王经理：我相信只要按照合同规定的内容去做，我们的合作一定成功。

史密斯：您说得很对，还有一点，虽然合同规定如果一方违约另外一方有权取消合同，但我希望我们能协商解决争议。

王经理：我也是这么想的，如果履行合同的时候出现争议，我们应该通过友好协商解决。

史密斯：中国有句话叫"和气生财"，只要我们保持良好的合作关系，生意一定越做越大。

生 词 New words

1. 特快专递　　　　tèkuài zhuāndì　　　　express mail service(EMS)
2. 版本　　　　　　bǎnběn　　　　（名）　version, edition

第九课　我们什么时候签合同

3. 谈判	tánpàn	（动）	to negotiate
4. 履行	lǚxíng	（动）	to perform, to execute
5. 违约	wéi yuē		to break a contract
6. 协商	xiéshāng	（动）	to discuss, to consult
7. 争议	zhēngyì	（动）	to dispute
8. 和气生财	héqi shēng cái		cheek brings success

答一答 Let's answer

两人一组，根据课文内容回答问题。
Work in pairs. Ask and answer the following questions according to the text.
1. 王经理给史密斯先生看什么文件？
2. 史密斯先生有什么修改意见？
3. 史密斯先生希望什么时候签合同？
4. 王经理的公司这周能签合同吗？为什么？
5. 王经理建议怎么做？
6. 履行合同时，如果一方违约，按照合同规定应该怎么做？史密斯先生建议怎么做？

填一填 Fill in the blanks

　　王经理的办事效率很高，合同草案很快就（　　　）好了，我又认真检查了一遍，没发现什么问题。我希望马上（　　　）合同，可是王总（　　　）没有回来。王经理说王总签了字以后把合同用（　　　）寄给我。这次合作非常愉快，我们都同意如果（　　　）合同的时候出现（　　　），双方应该通过友好（　　　）解决。

练一练 Let's practise

一、签订合同 Signing a contract

1. 这是修改过的合同草案，请您过目。
2. 我们的合同有中文和英文两个版本，都是一式两份，请您在这儿签字。
3. 我们什么时候签合同呢？
4. 你们什么时候能把合同准备好？
5. 王总签完字，我(把合同)用特快专递给贵公司寄过去。
6. 在违约问题上我们还没有达成一致，今天不能签字。

☆练习一 Exercise 1 ☆

1. 读上面的句子。

　　Read the sentences above.

2. 两个人一组,模仿上面的例句相互提问并回答下面的问题。

　　Work in pairs. Ask and answer the following questions.

　　(1)合同你们什么时候能准备好?

　　(2)我们什么时候签合同呢?

　　(3)合同有中文版本吗?

　　(4)你们经理这周回不来,我们怎么签合同?

　　(5)合同一共几份?

　　(6)您觉得明天签合同怎么样?

二、履行合同 Carrying out a contract

> 1. 我们的谈判很顺利,希望合同履行起来也很顺利。
> 2. 只要按照合同规定的内容去做,我们的合作一定成功。
> 3. 只要我们严格履行合同,我们的合作一定成功。
> 4. 如果一方违约另外一方有权取消合同。
> 5. 如果履行合同的时候出现争议,我们应该通过友好协商解决。
> 6. 我希望我们能协商解决争议。

☆练习二 Exercise 2 ☆

1. 读上面的句子。

　　Read the sentences above.

2. 两个人一组,模仿上面的例句相互提问并回答下面的问题。

　　Work in pairs. Ask and answer the following questions.

　　(1)如果一方违约怎么办?

　　(2)如果其中一方不履行合同怎么办?

　　(3)履行合同的时候出现争议怎么办?

 说一说 Let's talk

你们公司正和另外一家公司谈判,对方草拟了一份合同草案。你检查以后,提出了三方面的修改意见。请你把意见告诉对方,并提出自己的建议,要求围绕以下三方面展开:

You are negotiating with a foreign company. After you read the contract they have drafted, request them to make three modifications to it. Make a statement including the following information:

112

第九课　我们什么时候签合同

(1) 没有英文/日文文本
(2) 没有说违约的情况
(3) 没有说出现争议应该怎么办

时间:3分钟

Time limit: 3 minutes

参考词语 Expressions for reference

履行、违约、有权、争议、友好协商

> ×××,贵公司草拟的合同草案我已经看完了,对于主要条款我都没什么意见,有几个小问题要提一下……

3

国际贸易中,双方一般要签订合同,以明确双方的权利义务。为了提高合同质量,避免履行合同时出现问题,在起草合同时应注意,货物的数量、质量、付款方式以及履行期限等,都必须严密、清楚,否则就可能会造成经济损失。

签订合同以前,要认真检查产品名称、价格、结算货币、包装、保险、信用证等条款,防止写错或打错,发现问题及时提出。

在实际商务活动中,许多合同只规定了双方交易的主要条款,却忽略了双方应该承担的责任,尤其是违约应承担的责任,这样一方违反合同就可能给另一方造成重大损失。所以合同必须规定双方承担的义务和违约的责任,如果一方不履行合同就必须赔偿对方的损失。

生词 New words

1. 义务	yìwù	(名)	duty, obligation
2. 避免	bìmiǎn	(动)	to avoid
3. 起草	qǐcǎo	(动)	to draft

4. 严密	yánmì	（形）	accurate, rigorous
5. 造成	zàochéng	（动）	to cause
6. 防止	fángzhǐ	（动）	to prevent
7. 忽略	hūlüè	（动）	to neglect, to ignore
8. 违反	wéifǎn	（动）	to violate

答一答 Let's answer

两人一组，根据课文内容回答下面的问题。
Work in pairs. Ask and answer the following questions according to the text.
1. 起草合同的时候要注意什么？
2. 检查合同的时候要注意什么？
3. 为什么合同必须规定违约的责任？

说一说 Let's talk

1. 在对外贸易中，合同是非常重要的。请你用自己的话谈一谈怎么才能保证合同的全面、准确，避免出现问题。你可以从以下三方面来说：
The contract is very important in the international trade process. Make a presentation about how to improve the quality of a contact. Follow the outline below:
（1）起草合同时　　（2）检查合同时　　（3）必须规定违约的责任
时间：3分钟
Time limit: 3 minutes

参考词语 Expressions for reference

严密、清楚、否则、损失、检查、防止、忽略、损失、履行、赔偿

 提示 Hints

> 在国际贸易中，合同是非常重要的，为了避免在履行合同的时候出现问题必须注意以下三点：
> 1. ……　　2. ……　　3. ……

第九课　我们什么时候签合同

2. 你在检查对方起草的合同草案时,发现没有规定违约的责任。你要求加进去,对方却不同意,你要想办法说服他。说一段对话要求包含以下内容:
When checking the draft contract, you find that the clause of liability for breach of contract is not included. You request the term to be added, but they disagree. Make a statement to persuade them to accept your advice. Be sure to cover the following information:
(1) 必须把违约责任写进合同
(2) 出现违约的情况或争议可协商解决
(3) 希望对方能够理解并合作
时间:3分钟
Time limit: 3 minutes

参考词语 Expressions for reference
万一、违约、损失、履行、赔偿、补充/加、争议、友好协商、保护双方的利益

第十课

我们向贵公司索赔50000美元

1

史密斯：王经理，贵公司发来的货我们已经收到了，有个坏消息要告诉您，收到的货物中有50台冰箱严重损坏。

王经理：怎么会这样呢？我们的出口商品在装运前都经过严格的检查。

史密斯：检测报告说是由于包装质量太差，包装破损造成货物损坏。

王经理：我对出现这样的情况感到非常遗憾。

史密斯：这50台冰箱已经无法销售，我们向贵公司索赔50000美元。

王经理：我们的包装符合合同规定，正常情况下应该没有问题，是不是在运输过程中损坏的？贵公司应该向保险公司索赔。

史密斯：合同规定这批货物的包装必须加固，但不知道什么原因这50台没有加固，我们有权利根据合同向贵公司索赔。

王经理：真不敢相信会出现这样的事情，请您把检测报告传真给我，我们一定会认真调查。

史密斯：好！我们马上把索赔信和检测报告发给您，请查收。

第十课　我们向贵公司索赔50000美元

王经理：如果情况属实，我们将按照合同赔偿贵公司的一切损失。
史密斯：希望贵公司能尽快提出解决办法。
王经理：您放心，我们会马上调查，希望这件不愉快的事件不要影响我们以后的合作。
史密斯：我也是这么想的，希望我们以后的合作顺利。

生词 New words

1. 严重　　yánzhòng　（形）　serious
2. 检测　　jiǎncè　　（动）　to test
3. 破损　　pòsǔn　　（动）　to damage
4. 索赔　　suǒpéi　　（动）　to make a claim for compensation
5. 符合　　fúhé　　　（动）　to tally with
6. 过程　　guòchéng　（名）　process, course
7. 调查　　diàochá　　（动）　to investigate
8. 属实　　shǔshí　　（动）　to be true

答一答 Let's answer

两人一组，根据课文内容回答问题。
Work in pairs. Ask and answer the following questions according to the text.
1. 史密斯先生为什么给王经理打电话？
2. 根据检测报告，为什么会出现这样的问题？
3. 史密斯先生认为应该怎么解决这个问题？
4. 王经理同意史密斯先生的解决方法吗？为什么？
5. 史密斯先生为什么拒绝向保险公司索赔？
6. 打完电话，史密斯先生应该做什么？王经理呢？

填一填 Fill in the blanks

　　五星电器集团发来的冰箱中有50台因为包装问题而严重（　　），无法销售，包装（　　）的主要原因是包装质量太差，没有加固，这不（　　）合同规定，我们向他们公司（　　）50000美元。王经理让我把（　　）报告传真给他，他们马上（　　）这件事，如果情况（　　），他们将按照合同（　　）我们公司的损失。

117

练一练 Let's practise

一、要求索赔 Claim

1. 有50台冰箱严重损坏,我们向贵公司索赔50000美元。
2. 这50台冰箱没有按照合同的要求包装,我们有权利根据合同向贵公司索赔。
3. 检测报告说是由于包装质量太差,包装破损造成货物损坏。
4. 希望贵公司能尽快提出解决方案。
5. 货物的质量很差,不符合合同规定,我们向贵公司提出索赔。
6. 我们收到的货物少了1000公斤,本公司要求赔偿2000美元。
7. 你方没有按时装运,我方要求贵公司按照合同规定赔偿我们的损失。

☆练习一 Exercise 1 ☆

两个人一组,模仿上面的例句,讨论下面提供的情况并要求赔偿。
Work in pairs. Make claims according to the following information.

（1）发来的货物与合同不符
（2）货物严重损坏
（3）货物质量没有达到规定的标准
（4）货物数量不足,少了50台
（5）对方没有按时开立信用证

二、应对索赔 Responding to a claim

1. 怎么会这样呢?我们的出口商品在装运前都经过严格的检查。
2. 我对出现这样的情况感到非常遗憾。
3. 真不敢相信会出现这样的事情,我们一定会认真调查。
4. 如果情况属实,我们将按照合同赔偿贵公司的一切损失。
5. 我们会马上调查,希望这件不愉快的事件不要影响我们以后的合作。
6. 是不是在运输过程中损坏的?贵公司应该向保险公司/货运公司索赔。

☆练习二 Exercise 2 ☆

1. 读上面的例句。
   Read the sentences above.
2. 结合上面的练习一,两个人一组就下面的情况做对话练习。一方要求赔偿,另外一方在没弄清楚情况之前给对方一个答复。
   Combine Exercises 1 and 2. Work in pairs. One makes a claim and the other responses to the claim according to the information below.

第十课　我们向贵公司索赔50000美元

(1) 发去的茶叶少了10箱　　　(2) 部分货物的包装严重破损
(3) 货物的颜色与合同不符　　(4) 没有按时汇款
(5) 货物到达的日期比合同约定晚了5天

 说一说 Let's talk

如果你是课文中的王经理,向公司汇报史密斯要求索赔的事,要求说明以下内容:
You are Manager Wang in the text. Report this issue to the company that Mr. Smith has claimed for compensation. Follow the outline below:
(1) 出现的问题　　(2) 出现问题的原因　　(3) 索赔金额　　(4) 你的答复
时间:2分30秒。
Time limit: 2 minutes 30 seconds

 提示 Hints

> 刚才美国国际贸易公司的史密斯先生打来电话,我们发给他们的那批冰箱……(损坏、无法销售),检测报告说是由于……(包装、加固、破损)。现在他们公司……(50000美元),我……,并答应他们……(调查、属实、赔偿)。

 试一试 Let's try

你们公司订购了一批红茶,收到货物以后发现他们发来的是绿茶。这给你们公司造成了很大的损失,你给他们打电话要求索赔。两个人一组设计一段对话,要求包括以下内容:
Your company has ordered a shipment of black tea, but received green tea when the goods arrived, causing a great inconvenience for you company. You make a phone call to file a claim against the seller. Work in pairs to make the conversation. The following aspects should be covered:
(1) 说明出现的问题　　(2) 说明赔偿金额　　(3) 对方对索赔的回应

提示 Hints

> A:贵公司发来的货物我们昨天收到了,但是……
> B:怎么会这样呢?……
> A:你们发错了货物,给我们造成了很大的损失,……
> ……

119

2

进口商：陈经理，我们向贵公司订购了5000件真丝衬衣，而收到的货中有一半是纯棉的，不是真丝的，给我们公司造成了很大的损失。

出口商：我们已经收到你们发来的索赔信了，经过调查是我们公司的工作人员工作出现了失误，我们对贵公司所受的损失深表歉意。

进口商：现在责任已经很清楚了，我们向贵公司索赔5000美元。

出口商：我们接受贵公司的索赔要求，赔偿5000美元，这笔钱将用电汇汇到你们的账户上。

进口商：我们订购了5000件只收到了2500件，贵公司打算怎么解决？

出口商：我们有现货，下周一装运2500件发给你们，运费和保险费由我们承担。

进口商：谢谢贵公司的合作。另外，这批发错的纯棉衬衣，贵公司打算怎么处理？

出口商：这批衬衣质量很好，我们愿意以优惠的价格卖给你们，怎么样？

进口商：如果能给我们打7折的话，我们愿意接受，这样贵公司也能省下一笔运费。

出口商：那就这么定了。

进口商：问题很快都解决了，希望不要再发生类似的事情。

出口商：放心好了，我保证以后不会再发生这种不愉快的事情。

生词 New words

1.	真丝	zhēnsī	（名）	natural silk
2.	纯棉	chúnmián	（名）	cotton
3.	失误	shīwù	（动）	to make a mistake

第十课　我们向贵公司索赔50000美元

4. 歉意	qiànyì	（名）	apology
5. 类似	lèisì	（动）	to resemble, to be similar

答一答 Let's answer

两人一组，根据课文内容回答问题。
Work in pairs. Ask and answer the following questions according to the text.
1. 进口商订购了什么产品？出了什么问题？
2. 出现问题的原因是什么？
3. 进口商想如何解决这个问题？出口商同意吗？
4. 对于另外2500件真丝衬衣，出口商计划什么时候装运？费用由谁承担？
5. 根据谈判结果，他们怎么处理发错的纯棉衬衣？

填一填 Fill in the blanks

　　我们订购了5000件（　　　　）衬衣，收到后其中有发现2500件是（　　　　）的，原来是由于他们公司工作人员的（　　　　）发错了货。他们接受我们的（　　　　），（　　　　）5000美元，另外下周一装运2500件真丝衬衣，运费和保险费由他们（　　　　），他们发错的纯棉衬衣以（　　　　）的价格卖给了我们，这也给他们公司（　　　　）了一笔运费。

练一练 Let's practise

一、接受索赔 Accommodating a claim

> 1. 经过调查是我们公司的工作人员工作出现了失误，我们对贵公司所受的损失深表歉意。
> 2. 我们接受贵公司的索赔要求，赔偿5000美元。
> 3. 发错的货物我们愿意以优惠的价格卖给贵公司。
> 4. 我保证以后不会再发生这种不愉快的事情。
> 5. 经过调查，是我们的责任，我们同意赔偿贵公司的损失。

☆练习一 Exercise 1 ☆
1. 读上面的例句。
　　Read the sentences above.

2. 两个人一组,根据下面的情况做对话练习,一方提出索赔,一方解释原因并接受索赔。

Work in pairs. One makes a claim; the other explains the reason and accommodates it.

(1) 发来的冰箱有50台严重损坏
(2) 发来的货物质量不符合规定
(3) 订购西装却收到了休闲装
(4) 货物没有按时装运

二、拒绝索赔 Rejecting a claim

1. 贵公司的赔偿要求没有证明文件/检测报告,我们拒绝赔偿。
2. 贵公司提出的赔偿要求证据不足,我们拒绝接受。
3. 这是保险公司/货运公司的责任,请向他们索赔。
4. 货物装运时一切正常,问题可能出现在运输过程中,不是我们的责任。
5. 货物按时装运,没有按时到达是货运公司的责任,我们拒绝赔偿。

☆练习二 Exercise 2 ☆

1. 读上面的例句。

Read the sentences above.

2. 两个人一组,根据下面的情况做对话练习,一方提出索赔,一方拒绝接受并说明原因。

Work in pairs. One makes a claim; the other rejects it and explains the reason.

(1) 发来的冰箱少了50台　　　　(2) 货物包装进水
(3) 货物的质量与样品不一样

 说一说 Let's talk

有一家外国公司从你们公司订购了2000部电话,收到货后发现型号[1]不对,经过调查是你们公司的责任。请你打电话告诉对方你们公司的解决办法,要求包含以下内容:

A foreign company ordered 2,000 telephones from your company, and finds that the product model is wrong. Investigation shows that it is your company's fault. Now make the phone call to the buyer to tell them the solution. Follow the outline below:

(1) 说明发生的问题　　(2) 解释原因　　(3) 道歉
(4) 表示愿意赔偿　　　(5) 说明怎么解决货物问题

时间:3分钟

Time limit: 3 minutes

---

[1] 型号　xínghào　(名)　type, model

第十课　我们向贵公司索赔50000美元

3

在国际贸易中,因为一方违反合同规定,直接或间接给另一方造成损失,受损方向违约方提出赔偿要求,就是索赔。违约的一方,如果接受对方提出的赔偿要求就是理赔。如有足够的证据证明不是自己的责任,不接受赔偿要求就是拒赔。

在对外贸易中,索赔情况是经常发生的,根据索赔对象的不同可以分为:买卖双方之间的贸易索赔、运输索赔、保险索赔。

贸易索赔包括向卖方索赔和向买方索赔。因卖方违约而引起买方索赔的主要原因有:货物的质量、数量、包装与合同不符,卖方未按期交货等。因买方违约而引起卖方索赔的有:买方未按期付款,未及时办理运输手续,没有及时开立信用证等。如果受损方向运输公司或保险公司提出索赔要求,则是运输索赔或保险索赔。

生词 New words

1.	间接	jiànjiē	(形)	indirect
2.	受损方	shòusǔnfāng	(名)	damaged party
3.	违约方	wéiyuēfāng	(名)	defaulting party
4.	理赔	lǐpéi	(动)	to settle a claim
5.	拒赔	jùpéi	(动)	to reject a claim
6.	对象	duìxiàng	(名)	object
7.	引起	yǐnqǐ	(动)	to cause, to give rise to

试一试 Let's try

1. 你长期从事贸易工作,对国际贸易比较熟悉。有一个人想了解一些和索赔有关的问题,请你根据课文内容给他解释一下。
   You have worked in the trading company for a long time and are familiar with the international trade affairs. Someone would like to consult you about the claim issue. Work in pairs to ask and answer the following question.

123

(1)索赔包括几种情况？　　　　(2)什么是贸易索赔？
(3)什么是运输索赔？　　　　　(4)什么是保险索赔？

 提示 Hints

> A：×××先生/女士/小姐，我想向您咨询几个问题，……
> B：……

2. 读一读下面这封信然后写一封150字以上的回信，要求包括以下内容：
Read the letter below and then write down some solutions to the problem. Follow the outline below. Minimum character count:150.
(1)道歉　　(2)解释原因　　(3)提出解决方案

现代电子集团金太基总经理：

　　您好！贵公司发来的F32液晶显示器已于3月20日到达，有两个问题需要通知贵公司。一是有10台显示器的包装严重破损，显示器虽可正常使用，但是外观[1]受到影响，估计很难正常销售；二是我们订购了1000台，合同上写得很清楚，但实际只收到了800台，不知道是什么原因。

　　希望贵公司能尽快给出答复。

　　随信附上相关的证明文件。　　　　顺颂

商祺！

　　　　　　　　　　　　　　　中国东方贸易公司经理　黄国强
　　　　　　　　　　　　　　　　　　　　　　　　2008．3．23

---

[1] 外观　wàiguān　（名）appearance

第十课　我们向贵公司索赔50000美元

附　录　Appendix

中国四达进出口公司
售货合同

合同号码：GN01C068754

签订日期：2005年11月18日

签约地点：深圳

卖　　　方：中国四达进出口公司

地　　　址：北京市朝阳区呼家楼居和五里17号

电话、传真：86-10-67425588

买　　　方：华奇国际贸易有限公司

地　　　址：香港九龙尖沙咀西科学馆道32号，西康宏广场南座8楼105室

电话、传真：852-26884809

买卖双方同意由卖方出售、买方购进下列货物，并按下列条款签订本合同：T

1. 品名、数量、价款：

商品名称、规格	数　量	单价（元/MT）	金　额
28g条纹牛皮纸 70×100cm	80MT	￥5025.00FOB天津 伍千零贰拾伍元	￥402000.00FOB天津 肆拾万零贰千元整

2. 包　　装：标准包装。
3. 保　　险：由买方负责购买。
4. 装 运 地：天津港。
5. 目 的 地：香港。
6. 装运期限：2005年12月2日前。
7. 付款条件：电汇。合同签订后1周内，预付50%货款。交货后3天内付清全部货款。
8. 商品检验：由国家出入境检验检疫局所签发的《中国商品检验证》作为所交货物质量合格的依据。
9. 不可抗力：由于人力不可抗拒的事故，使卖方不能在合同期限内交货，卖方不负责任。但是卖方应及时通知买方；如果买方提出要求，卖方应在15天内以挂号函向买方提供由中国贸易促进委员会所出具的证明，证明事故的存在。
10. 异议索赔：如果卖方不能在合同规定期限内把货物装上船，除非是人力不可抗拒的原因，买方有权在合同到期后撤销未履行部分的合同。如果货物到达目的口岸时买方对货物质量有异议，可以凭公证机构出具的检验报告，在货到口岸30天内向卖方提出赔偿要求。卖方将根据实际情况考虑理赔或者不理赔。凡由于不可抗力造成或属于保险公司责任范围内的一切

损失,卖方概不受理。如果买方不能在合同规定期限内预付规定的货款,卖方可以撤销合同或延期交货;如果买方在卖方交货后不能按合同规定期限付清全部货款,卖方有权提出赔偿要求。

11. 仲　　裁:一切与本合同有关之争执,应由双方通过友好方式协商解决。如协商不能解决,须提交对外贸易仲裁委员会,按照仲裁会所制定之暂行条例进行仲裁。由仲裁会所做之决定为双方处理争执之最终决定,双方均应接受。仲裁费用除非仲裁会另有决定,应由败诉一方负担。

买方:华奇国际贸易有限公司　　　　　　卖方:中国四达进出口公司
　　　(盖章、签字)　　　　　　　　　　　　　(盖章、签字)

生词总表

A

| 按照 | ànzhào | 6-2 |

B

百分点	bǎifēndiǎn	8-2
版本	bǎnběn	9-2
办事处	bànshìchù	1-3
包装	bāozhuāng	7-2
包装带	bāozhuāngdài	7-2
保留	bǎoliú	2-2
保险	bǎoxiǎn	7-1
保证	bǎozhèng	5-1
保证金	bǎozhèngjīn	6-1
报价	bàojià	4-1
报价单	bàojiàdān	4-2
避免	bìmiǎn	9-3
贬值	biǎnzhí	6-2
不堪设想	bù kān shèxiǎng	7-1

C

材料	cáiliào	3-2
采用	cǎiyòng	3-1
仓库	cāngkù	1-1
草案	cǎo'àn	9-1
草拟	cǎonǐ	9-1
差距	chājù	4-2
产量	chǎnliàng	1-2
畅销	chàngxiāo	3-3
超过	chāoguò	2-3
车间	chējiān	1-1
成本	chéngběn	4-2
成本价	chéngběnjià	4-2
诚意	chéngyì	4-2
承担	chéngdān	5-2

持平	chípíng	2-3
初学者	chūxuézhě	3-2
传统	chuántǒng	3-2
纯棉	chúnmián	10-2
重新	chóngxīn	4-3
从事	cóngshì	8-3
促销	cùxiāo	2-2

D

达成	dáchéng	9-1
代理权	dàilǐquán	8-2
单据	dānjù	6-3
淡季	dànjì	2-3
电汇	diànhuì	6-2
电子	diànzǐ	1-1
调查	diàochá	10-1
订单	dìngdān	4-1
订购	dìnggòu	4-1
订货	dìng huò	1-2
定金	dìngjīn	6-2
独家代理	dújiā dàilǐ	8-1
对象	duìxiàng	10-3

F

发言	fā yán	2-1
番	fān	8-2
防潮	fángcháo	7-3
防震	fángzhèn	7-3
防止	fángzhǐ	9-3
费率	fèilǜ	7-1
分别	fēnbié	2-3
分公司	fēngōngsī	1-3
分歧	fēnqí	9-1
风险	fēngxiǎn	6-3
符合	fúhé	10-1

127

付款	fù kuǎn	6-1
付款交单	fùkuǎn jiāodān	6-1
附加险	fùjiāxiǎn	7-1
附上	fùshàng	3-3

G

改进	gǎijìn	7-2
更换	gēnghuàn	3-2
管道	guǎndào	5-3
贵重	guìzhòng	5-3
过程	guòchéng	10-1
过目	guòmù	9-1

H

海运	hǎiyùn	5-2
函	hán	3-3
合成	héchéng	3-3
合理	hélǐ	4-1
合同	hétong	9-1
合资	hézī	1-3
和气生财	héqi shēng cái	9-2
忽略	hūlüè	9-3
环保	huánbǎo	3-1
回复	huífù	4-3
汇率	huìlǜ	6-2
货款	huòkuǎn	6-1
货运公司	huòyùn gōngsī	5-2

J

基本	jīběn	1-1
激烈	jīliè	2-2
技术	jìshù	1-3
季度	jìdù	2-3
季节性	jìjiéxìng	5-1
加固	jiāgù	7-2
价格战	jiàgézhàn	2-2
检测	jiǎncè	10-1

间接	jiànjiē	10-3
建立	jiànlì	8-3
降价	jiàng jià	2-2
交货	jiāo huò	5-1
轿车	jiàochē	1-3
结实	jiēshi	3-2
节能	jiénéng	3-1
节省	jiéshěng	5-2
结算	jiésuàn	6-2
仅次于	jǐn cì yú	2-3
紧	jǐn	5-1
尽管	jǐnguǎn	1-1
尽快	jǐnkuài	2-1
净重	jìngzhòng	7-2
竞争	jìngzhēng	2-2
竞争力	jìngzhēnglì	4-2
敬祝	jìngzhù	3-3
拒付	jùfù	6-3
拒赔	jùpéi	10-3
具有	jùyǒu	7-2

K

开发	kāifā	1-2
开立	kāilì	6-1
空运	kōngyùn	5-2
控制	kòngzhì	1-2
款	kuǎn	3-1

L

类似	lèisì	10-2
理赔	lǐpéi	10-3
利润	lìrùn	2-2
两败俱伤	liǎng bài jù shāng	2-2
劣势	lièshì	5-3
零售商	língshòushāng	8-2
领	lǐng	1-1
浏览	liúlǎn	1-3
履行	lǚxíng	9-2

生词总表

M

毛重	máozhòng	7-2
木板箱	mùbǎnxiāng	7-2
目录	mùlù	3-1

N

纳米	nàmǐ	3-2
耐用	nàiyòng	3-2
内包装	nèibāozhuāng	7-2

P

泡沫塑料	pàomò sùliào	7-3
赔偿	péicháng	7-1
配件	pèijiàn	1-3
批	pī	5-1
批发商	pīfāshāng	8-2
品牌	pǐnpái	3-2
平安险	píng'ānxiǎn	7-1
破例	pò lì	6-1
破损	pòsǔn	10-1

Q

期望	qīwàng	4-2
期限	qīxiàn	8-1
其次	qícì	6-3
企业	qǐyè	1-3
起草	qǐcǎo	9-3
签订	qiāndìng	8-1
歉意	qiànyì	10-2
取决于	qǔjuéyú	6-3
全权	quánquán	8-3
全自动	quánzìdòng	1-2
缺点	quēdiǎn	5-3
缺乏	quēfá	2-1
确认	quèrèn	6-2

R

让步	ràng bù	4-1
热线	rèxiàn	2-1
人性化	rénxìnghuà	3-1
若干	ruògān	8-3

S

散会	sàn huì	2-2
商祺	shāngqí	3-3
上升	shàngshēng	2-3
上市	shàng shì	1-2
上旬	shàngxún	5-1
上涨	shàngzhǎng	4-2
设备	shèbèi	1-1
设计	shèjì	1-2
设立	shèlì	1-3
深刻	shēnkè	1-2
生产线	shēngchǎnxiàn	1-1
生效	shēngxiào	9-1
失误	shīwù	10-2
时尚	shíshàng	3-3
收获	shōuhuò	1-2
手柄	shǒubǐng	3-2
受损方	shòusǔnfāng	10-3
受益人	shòuyìrén	6-1
售后服务	shòuhòu fúwù	2-1
熟悉	shúxī	8-3
属实	shǔshí	10-1
数额	shù'é	6-1
水渍险	shuǐzìxiǎn	7-1
说明书	shuōmíngshū	3-1
速干	sùgān	3-2
损坏	sǔnhuài	5-3
索赔	suǒpéi	10-1

T

台式电脑	táishì diànnǎo	2-3
谈判	tánpàn	9-2
碳素纤维	tànsù xiānwéi	3-2
特快专递	tèkuài zhuāndì	9-2
特色	tèsè	7-2
提交	tíjiāo	8-2
提前	tíqián	5-2
提议	tíyì	8-1
体积	tǐjī	3-3
条款	tiáokuǎn	9-1
通融	tōngróng	6-1
同比	tóngbǐ	2-3
同类	tónglèi	4-1
统一	tǒngyī	8-1
投保	tóu bǎo	7-1
投诉	tóusù	2-1
图案	tú'àn	7-2
推迟	tuīchí	5-1
推荐	tuījiàn	3-1
退货	tuì huò	3-2
拖	tuō	5-1

W

外包装	wàibāozhuāng	7-2
网络	wǎngluò	8-2
旺季	wàngjì	5-1
为期	wéiqī	8-1
违反	wéifǎn	9-3
违约	wéi yuē	9-2
违约方	wéiyuēfāng	10-3
委任	wěirèn	8-2
我方	wǒfāng	4-3

X

吸引	xīyǐn	2-2
细节	xìjié	6-1
先进	xiānjìn	1-1
显示	xiǎnshì	3-1
险别	xiǎnbié	7-1
现货	xiànhuò	5-2
限度	xiàndù	7-3
限制	xiànzhì	5-3
详细	xiángxì	1-3
消费者	xiāofèizhě	2-2
销售额	xiāoshòu'é	1-2
效率	xiàolǜ	9-1
协商	xiéshāng	9-2
协议	xiéyì	8-1
新颖	xīnyǐng	1-2
信用证	xìnyòngzhèng	6-1
信誉	xìnyù	4-2
性价比	xìngjiàbǐ	2-2
修改	xiūgǎi	9-1

Y

延期	yán qī	6-1
严密	yánmì	9-3
严重	yánzhòng	10-1
研发部	yánfābù	1-2
样品	yàngpǐn	1-2
业绩	yèjì	8-2
一定	yídìng	4-2
一流	yīliú	1-3
一切险	yíqièxiǎn	7-1
一式两份	yí shì liǎng fèn	9-1
一致	yízhì	9-1
遗憾	yíhàn	4-2
以便	yǐbiàn	9-1
以免	yǐmiǎn	6-2
义务	yìwù	9-3
议题	yìtí	2-1
意识	yìshí	2-1
引进	yǐnjìn	1-2
引起	yǐnqǐ	10-3
影响	yǐngxiǎng	5-1

130

生词总表

硬纸板箱	yìngzhǐbǎnxiāng	7-2
佣金	yòngjīn	8-1
佣金率	yòngjīnlǜ	8-1
优点	yōudiǎn	3-1
优惠	yōuhuì	4-1
优势	yōushì	4-3
有利	yǒulì	6-3
有限公司	yǒuxiàn gōngsī	1-3
有效期	yǒuxiàoqī	4-1
有助于	yǒuzhùyú	7-2
与众不同	yǔzhòngbùtóng	1-2
运费	yùnfèi	5-2
运输	yùnshū	5-2
运输量	yùnshūliàng	5-3

Z

造成	zàochéng	9-3
增加	zēngjiā	2-2
展开	zhǎnkāi	3-3
占地面积	zhàndì miànjī	1-1
占有率	zhànyǒulǜ	1-2
账户	zhànghù	6-2
照样	zhàoyàng	8-1
折叠	zhédié	3-3
折扣	zhékòu	4-1
真丝	zhēnsī	10-2
震动	zhèndòng	7-3
争议	zhēngyì	9-2
职工	zhígōng	1-1
制品	zhìpǐn	7-3
种类	zhǒnglèi	1-2
重要性	zhòngyàoxìng	2-1
主持人	zhǔchírén	2-1
主张	zhǔzhāng	2-2
专卖权	zhuānmàiquán	8-3
装运	zhuāngyùn	5-2
资金周转	zījīn zhōuzhuǎn	6-1
字样	zìyàng	7-2
总代理	zǒngdàilǐ	8-3

专名总表

B

北京大成贸易有限公司	Běijīng Dàchéng Màoyì Yǒuxiàn Gōngsī	3-3
北京五星电器集团	Běijīng Wǔxīng Diànqì Jítuán	3-1
别克自行车有限公司	Biékè Zìxíngchē Yǒuxiàn Gōngsī	3-3

C

长城电脑	Chángchéng Diànnǎo	2-3

D

戴尔电脑	Dài'ěr Diànnǎo	2-3

L

李容时	Lǐ Róngshí	8-2
刘建安	Liú Jiàn'ān	3-3

M

美国国际贸易公司	Měiguó Guójì Màoyì Gōngsī	3-1

Y

杨乐	Yáng Lè	8-2

Z

中国人民保险公司	Zhōngguó Rénmín Bǎoxiǎn Gōngsī	7-1

第一课　参观工厂

1

填一填

电子、领、车间、先进、引进、生产线、控制、产量、深刻

练一练

一、基本情况
　　1.（略）
　　2.（1）本公司（或：北京五星电器厂）是1985年6月成立的，主要生产家用电器，现有员工600人，占地面积10万平方米。
　　（2）美国国际贸易公司成立于1980年，主要从事进出口贸易，现有员工2000人，公司在美国纽约。
二、具体介绍（略）
三、"贵"的用法
　　（1）贵公司是什么时候成立的？
　　（2）非常高兴有机会和贵行合作。
　　（3）贵校的学生都很优秀，希望他们毕业后能来本公司工作。
　　（4）本行和贵国的很多公司都有业务往来，我们合作得很愉快。
四、参观完毕（略）

试一试

1.这是我们的生产车间。我们车间的工作环境非常好，机器设备也很先进。前年我们从德国引进了一条全自动生产线，全部用电脑控制。引进这条生产线以后，我们厂的产量大大提高了。
2.首先，我给大家简单介绍一下我们厂的情况。我们厂成立于1990年，主要生产汽车配件。现有职工1000多人，其中技术人员300多人。
　　下面，我带大家到处看一看。这是我们的办公楼，对面是我们的生产车间和包装车间，旁边的白色建筑是我们的仓库，存放刚生产出来的配件。

---

[1] 为了便于学习者学习，编者给出了部分练习的参考答案。需要特别说明的是，一些主观的长段表达练习，如"练一练"、"试一试"等，答案都不是唯一的，仅供学习者参考。

2

填一填

样品、上市、种类、设计、占有率、排在、开发、销售额、收获、订货

练一练

一、市场占有率
（1）2003年，国产手机的国内市场占有率为55%，国外品牌的国内市场占有率为45%。
（2）2007年诺基亚的全球市场占有率高达33%，居第一位；三星手机的市场占有率为21%，排在第二位；摩托罗拉的市场占有率为18%，排在第三位；排在第四位的是LG手机，市场占有率为13%。

二、销售市场（略）

三、销售额、营业额
1. 东方家电有限公司2008年的年销售额为305万元，其中第一季度的销售额是50万元，第二季度的销售额为100万元，第三季度的销售额为85万元，第四季度的销售额为70万元。
2. 这家公司2004年的年销售额为100万元；2005年的销售额为120万元，和2004年相比增长了20%；2006年的销售额为150万元，和2005年相比增长了30万元；2007年的销售额为200万元，和2004年相比增长了1倍（或：是2004年的2倍）；2008年的销售额为250万元，和2007年相比增长了50万元。

试一试

各位，下面我们要参观的是本厂的样品室，这里展出了我们这两年的产品，我给大家介绍一下。我们产品都是我们的研发部自己设计的，产品的设计都非常新颖，与众不同，在市场上很受欢迎，去年我们的市场占有率为20%，居全国第二位。本厂的产品有一部分出口到国外，主要销往日本、韩国和东南亚，今年我们正在开发北美市场。我们的销售情况很好，去年的销售额是6200万元。

3

填一填

北京时代汽车有限公司；1982年；1.5万；各类轿车和汽车配件；欧洲、美洲、澳洲、东南亚等100个国家和地区；30万辆；500亿元

练一练（略）

参考答案

 试一试

1. 北京时代汽车有限公司是一家中外合资企业,成立于1982年,主要生产各类轿车和汽车配件,产品已出口到欧洲、美洲、澳洲、东南亚等100多个国家和地区。公司有员工1.5万人,占地面积300多万平方米。在香港设有分公司,在欧洲、美国和日本有办事处。

2. (1) 奔驰公司是世界十大汽车公司之一,在2006年美国《财富》杂志公布的世界500强企业中排在第7位。公司成立于1926年,现有员工360385人。奔驰公司是一家大型跨国公司,总部设在德国斯图加特,在德国本土有6家子公司,在德国国外有23家(子公司)。公司的主要产品是轿车、客车和载重汽车,2006年轿车的年销售量为3906500辆,商用车的销售量为842000辆,年销售额达1861.06亿美元。

   (2) 微软公司是全球最大的电脑软件公司,在2006年世界500强企业中排在第140位。微软公司成立于1975年,现有员工60000人左右,创始人是比尔·盖茨。公司总部在美国雷德蒙德,在全球100个国家和地区设有分公司或办事处。公司的主要产品是电脑软件,2006年年营业额为397.88亿美元。

第二课 我们开始开会

1

填一填

售后服务部的经理和员工;讨论售后服务、安排下半年的工作计划;投诉、售后服务、尽快、研发部、热线、占线、服务意识、重要性

 练一练

一、开场白

1. (略)

2. (1) 大家好,我们开始开会。参加今天会议的是各部门的经理,我们今天主要讨论销售问题。下面请王总经理发言。

   (2) 大家好,我们开会吧。参加今天会议的是研发部的全体员工,会议有两个议题:一是讨论新产品的开发;二是讨论向售后服务部介绍产品。

二、请人发言

(1) 大家好,我们开始开会。参加今天会议的是各部门的经理,我们今天主要讨论销售问题。下面先请销售部的李经理给大家介绍一下上半年的销售情况。

(2) 大家好,我们开会吧。参加今天会议的是研发部的全体员工,会议有两个议题:一是讨论新产品的开发;二是讨论向售后服务部介绍产品。下面先请李经理谈一谈新产品的开发问题。

三、总结

(1) 大家的发言都很好,提出了很多很好的建议。由于时间关系,开发新产品的问题我们就讨

135

论到这儿,下面我们讨论第二个议题:向售后服务部的同事介绍产品。

(2) 如果大家没有意见,销售问题我们就讨论到这儿,下面讨论产品出口问题。

主持人:我们开会吧。今天请大家来主要讨论一下如何增加产品销售量的问题。我们第二季度的销售量和第一季度相比减少了20%,公司希望我们能提出一些好的建议。下面请大家自由发言,说说自己的看法。

员工一:我认为销售量减少的一个重要原因是我们广告做得少,我建议公司多做广告。我们的客户主要是年轻人,现在年轻人的生活离不开网络,我们应该在网络上多做广告。

主持人:小王的意见非常好,值得考虑。我会建议公司和国内几家大网站联系。小李你有什么看法?

员工二:我同意小王的看法。另外,我觉得我们应该考虑降低价格。很多客户反映我们的产品太贵了,如果我们能降低价格或者搞一些促销活动,我觉得一定能增加销售量。

主持人:价格问题非常重要,我们部门不能决定,我会请公司开会讨论是否应该降价。小张,请谈谈你的看法吧。

员工三:我认为公司应该努力提高售后服务的质量,让顾客买得放心,从而更加信任我们公司。

主持人:大家的发言都很好,提出了很多好的建议,比如在网络上多做广告、降价或者搞促销活动、提高售后服务质量等。我会尽快把大家的建议告诉总经理,请他决定下一步怎么做。

2

增加、激烈、吸引、降价、促销、价格战、利润、两败俱伤、消费者、性价比

练一练(略)

1. 我反对价格战。因为对消费者来说,选择商品的时候最重要的不是价格而是性价比,也就是说,消费者买东西的时候不光要考虑价格,还要考虑商品的质量、设计和售后服务等等。如果我们的产品质量好、设计新颖、售后服务质量高,即使价格高点消费者也愿意买;相反,如果质量不好,即使价格再低消费者也不会买。另外,如果和对手打价格战,我们降价他们也跟着降价,最后的结果是两败俱伤,即使我们的销量增长了,利润也不会增长。所以,我认为我们应该在质量、设计和服务方面多想办法,不应该和对手打价格战。

2. 主持人:我们开会吧。今天会议的议题是讨论是否要开发中国市场,公司希望听一听大家的意见。下面请大家自由发言,谈谈自己的看法。

员工一:我先说说我的看法。我认为公司应该开发中国市场,而且越早越好。中国有13亿人口,人口众多,市场很大。开发中国市场一定可以大大提高我们的销售量。

员工二:小王的看法我不敢苟同。中国的市场的确很大,不过现在很多外国公司都在开发中国

市场,包括很多家世界500强企业,竞争非常激烈,我们公司的实力不是很强,所以我不主张开发中国市场。

员工三:我不同意小李的看法。我们的产品与众不同,特别是很多新产品我们的竞争对手还不能生产。不仅如此,我们的产品还物美价廉,满足了广大消费者的喜好。所以我认为我们应该尽快开发中国市场。

员工二:我保留我的意见。

主持人:大家都谈了自己的意见,这些看法都很重要,在部门经理会议上我们将进一步讨论这些意见。

3

20万台;基本持平;增长22%;12万台;增长30%;增长150%;36亿元;增长40%

（略）

一、数量的增减

1. 这家公司一月份的电脑销售量为5万台,二月份的销量和一月份持平,也是5万台,三月份的销售量为10万台,和二月份相比增长了1倍(或:5万台)。

2. 表二:2008年第二季度和第一季度的利润基本持平,第三季度的利润和前两个季度相比直线上升。

表三:2008年第二季度的利润和第一季度相比直线下降,第三季度的利润和第二季度相比基本持平。

表四:2008年第一到第三季度的利润直线下降。

二、"分别"的用法

表一:打印机、传真机、复印机的价格分别为6000元、3100元和16500元。

表二:2004年和2005年的利润分别为5000万元、6000万元,同比分别增长15%和20%。

试一试

下面我给大家介绍一下我们公司和竞争对手东方公司、天河公司这两年国内市场占有率的情况。去年市场占有率排在前三位的分别是东方公司、天河公司和我们公司,市场占有率分别为30%、25%、16%;今年排在前三位的分别是我们公司、东方公司和天河公司,市场占有率分别为31%、25%和18%。从这份图表可以看出,今年我们公司的进步非常大,市场占有率直线上升,从去年的16%增长到了31%,排名从第三位上升到了第一位。

第三课　我对你们的新产品很感兴趣

1

推荐、款、上市、节能环保、人性化、目录、说明书、订货

练一练

一、市场情况（略）
二、介绍产品
　　（一）技术方面
　　　　（1）这款空调采用了世界上最先进的静音技术，几乎没有噪音。
　　　　（2）我们的这款笔记本电脑采用了当前领先的技术，上网速度非常快。
　　　　（3）这款汽车采用了先进的技术，更加安全，开起来使您更加放心。
　　（二）设计/功能方面
　　　　（1）我们这款手机设计新颖时尚，而且功能很多：通话的时候可以录音，不通话时可以当字典、计算器或闹钟使用。
　　　　（2）这款复印机集多种功能于一体，可以复印、打印、发传真，还可以扫描。
　　（三）其他方面
　　　　（1）这款数码相机重量轻、体积小、超轻超薄，携带非常方便。
　　　　（2）这款地板质量一流，结实耐用。
　　　　（3）这款电池绿色环保，质量好，使用时间长。

1. 大家好！下面我给大家介绍一下本公司新研发的冰箱。这款冰箱节能环保，采用了先进的节能技术，和同类产品相比能省电20%。除了节能，新冰箱还用电脑控制温度，这一技术也是目前最先进的。另外，我们的设计也非常人性化，可以显示时间，可以及时提醒关冰箱门等等。
2. 我向您推荐本公司新上市的K105数码相机，我相信您一定会喜欢。这款相机的最大特点是超轻超薄，携带方便。它只有170克，厚薄和人的手掌差不多，放在包里或口袋里一点儿都不占地方。这款相机的设计时尚，深受年轻人欢迎，有红、白、银等多种颜色。它的像素高达1400万，拍出的照片非常清楚；3英寸超大液晶显示屏幕，字体和画面更大更清楚，使用起来更方便；这款相机的锂电池采用了最新的技术，使用时间更长。在功能方面，这款相机有自拍、连拍、录像等多种功能。

2

初学者、材料、耐用、人性化、速干、品牌、退货、更换

（略）

1. 这款球拍采用了先进的纳米技术,可以更好地控制击球的方向,很适合初学者使用。另外,球拍的设计非常人性化,它的手柄用的是速干材料,不怕出汗;穿线用的是碳素纤维,与传统球拍相比,更轻、更耐用。还有一点很重要,这款球拍的售后服务也非常好,七天之内可以退货,一个月之内免费更换,一年之内如果有质量问题免费维修。
2. 这是我们新研发的实木地板,结实耐用,相信您会喜欢。这款地板全部采用天然木材,所以您也不用担心地板会对您和您家人的健康产生不良影响,绿色环保是我们这款产品的最大特点。我们的产品自从上市以来,深受消费者喜爱,销售量直线上升。另外,我们的售后服务也是一流的,免费送货上门,免费安装,一年之内免费维修,质量保证期为15年,在此期间内如果出现质量问题,我们随时提供上门维修服务。

3

说一说

　　这款自行车是我们公司的新产品,设计时尚现代,深受年轻人的喜爱。它采用了最新的合成材料,重量比一般自行车轻很多。这款产品可以在20秒钟之内不用工具折叠或展开它,折叠后的自行车体积小,携带方便,可以放在汽车的行李箱里,可以提着上楼、坐地铁。

东方贸易公司李明先生:

　　您好!

　　我们是一家韩国企业,主要生产各类体育用品,年销售额为3亿美元,去年在韩国国内的市场占有率为11%,居第四位。我们的产品销往欧洲、北美和东南亚等多个国家和地区,深受当地消费者的喜爱。去年我们公司开始开发中国市场,相信我们的产品也会受到中国消费者的欢迎。我写信向您推荐我们新研发的速干运动服,希望您会对我们的新产品感兴趣。

　　这款速干运动服使用了最新的速干面料,能吸汗并迅速变干,运动的时候不用担心出汗,穿起来很舒服。在设计方面,虽然是运动服,但是设计非常时尚,平时也可穿。这款运动服自从在韩国市场上市以来,销售情况非常好,销售量直线上升。

　　随信附上这款服装的产品目录和产品说明,欢迎贵公司来函订货。

　　　　顺颂

商祺!

韩国明州体育用品公司销售部经理　李成浩

2008.6.18

第四课　贵公司的报价是多少

1

填一填

订购、畅销、报价、接受、折扣、优惠、订购、优惠、有效期、订单

练一练（略）

试一试

客户：你好！我们想订购1000平方米安居系列地板，贵公司的报价是多少？
经理：我们的报价是每平米298元。
客户：每平米298元？贵公司的报价和其他公司相比有点高，能不能给我们打个折扣？
经理：考虑到您的订货量比较大，我们可以给您优惠2%。
客户：谢谢您做出了让步，但2%少了点，能不能多打点折扣？
经理：如果您订购1500平米以上，可以优惠5%。这是最低价了，不可能再低了。
客户：那我们订购1500平方米，优惠5%，价格是每平方米283.1元。请问报价的有效期到什么时候？
经理：报价的有效期是两周。

2

填一填

成本、上涨、报价、一流、信誉、合理、竞争力、优惠、成本、差距、遗憾

练一练（略）

试一试

A：请问你们这款冰箱的报价是多少？
B：你们想订购多少台？大量订购的话，报价会低一些。
A：我们想订购600台。报价是多少？
B：如果你们订购600台的话，我们的报价是每台800美元。
A：800美元的报价太高了，我们无法接受。要知道，市场上同类产品的报价是600美元左右，你们的报价没有一点竞争力。
B：我们这款冰箱采用了目前世界上最先进的节能技术，另外，我们公司的产品质量和售后服务都是一流的，所以这个报价并不高。

140

A：800美元的报价我们真的不能接受,能不能优惠一点?
B：考虑贵公司是我们的老客户,我们可以优惠100美元,每台报价是700美元,这已经是我们的最低价了。
A：700美元的报价比市场上其他品牌的报价还要高100多美元,能不能再优惠一点,每台600美元怎么样?
B：您的还价太低了,700美元已经是最低价了,不能再降了。
A：这样吧,我们各让一步,650美元怎么样?
B：很抱歉,我们真的无法再让步了,如果贵公司不能接受700美元的报价,我们只能谈到这儿了。
A：我们也很遗憾,希望下次有机会合作。

史密斯先生,您的来信我们已经收到了,贵公司期望的价格是每台700美元,这个价格太低了,我们无法接受。

和其他公司的同类产品比,我们的报价是高了一点,这是因为这款冰箱采用了目前世界上最先进的节能和静音技术。冰箱不但可以省电20%,而且工作过程中没有任何噪音,这是其他品牌无法相比的。中国有句俗话说"一分钱一分货",我们的报价高一点完全正常。

考虑到您是我们的老客户,而且订货量比较大,我们愿意做出一些让步,给贵公司优惠50美元,报价为每台750美元。

希望您能接受我们的报价并尽快订货。

北京五星电器集团销售部王经理：

您好!

我们是一家韩国贸易公司,最近得知贵公司新研发的节能空调刚刚上市。我们对你们的新产品很感兴趣,想了解一下新产品在设计和技术方面的特点,特别是在节能方面和同类产品相比有何优势。请来信详细说明。

如果贵公司的产品符合我们的要求,我们初步计划订购500台,贵公司的报价是多少?如果价格合理,我们愿意增加订购量,因此希望贵公司能给予一定的优惠。

来信请附上产品目录以及图片,以便我们更好地了解产品信息。

盼复　顺颂

商祺!

韩国三星贸易有限公司市场部经理　金哲浩
2008.9.17

第五课　什么时候能交货

1

填一填

订购、交货、季节性、旺季、紧张、推迟、分批、保证、影响

练一练（略）

试一试

1. 王经理，你好！我们（订购的2000件羽绒服）希望贵公司能在10月31日之前交货。您也知道，羽绒服是季节性很强的商品，从11月中旬开始进入销售旺季，如果错过销售旺季或者上市晚了，就会严重影响销量，给我们公司带来很大的损失。因此，我们希望贵公司能在10月31日前按时交货。

2. A：王经理，我们订购的这批瓷器你们什么时候能交货？
   B：我们打算4月下旬交货，您看怎么样？
   A：4月下旬交货太晚了，会严重影响我们的销售计划。能不能把交货时间提前到3月10号以前。
   B：很抱歉，3月10号前交货恐怕不太可能。你们的订货量很大，我们生产不出来。您看能不能分两批交货？3月10号之前交40%，4月20号之前我们交另外60%。
   A：这么做我看可以。既不会影响我们的销售，也能减轻你们的生产压力。希望你们到时间能按时交货。

2

填一填

提前、现货、运输、海运、装运、节省、海运、空运、承担、货运公司

练一练（略）

试一试

1. 史密斯先生，我已经和货运公司联系过了，空运没有问题。10月25号装运，运费大概是9万元。货运公司承诺装运之后的3到5个工作日即可交货，也就说10月底之前可以把货物送到您的手上。

2. A（卖方）：交货日期已经定下来了，下面我们说一下运输方式吧。
   B（买方）：好的。我们希望用铁路运输，您觉得怎么样？

参考答案

A:我们希望能走海运。海运运费便宜,虽然慢一点,但只要能按时交货,运输时间不是问题。

B:海运的运费的确比铁路运输便宜不少,不过现在马上就要进入雨季了,如果遇上恶劣的天气情况,就会影响海运。可能造成无法按时交货。铁路运输不用担心天气问题,希望贵公司能接受我们的建议。

A:您说得也有道理,不过铁路运费要高不少,多出来的这部分运费由谁承担呢?

B:我们不是说好了由贵公司承担运费吗? 不过,如果贵公司同意用铁路运输,我们公司愿意承担多出来的那部分运费,您看怎么样?

A:如果贵公司愿意承担部分运费的话,我们同意用铁路运输。

3

运输量大、运费低;受自然条件影响大、速度慢、运输时间长;运输量较大、速度较快、一般不受自然条件影响;受铁路限制、修铁路成本高;速度快、安全性高;运输量小、运费高;方便、修公路成本不高;货物易损、不可以运输大件货物;运输量大、无污染、不受自然条件影响;成本高、不能运输其他货物。

(1)500辆汽车可以用海运,因为运输量比较大,而且运费比较低。
(2)80吨煤炭可以用铁路运输,运输量比较大,而且速度比较快。
(3)5000部手机可以空运,因为运输量比较小,而且手机属于贵重物品,适合空运。
(4)石油最好用管道运输,一是运输量大,二是没有污染。
(5)300台电视可以用公路运输,因为公路运输很方便,不受铁路限制,一般的地方都可以送到,而且不是大件货物,汽车能装下。

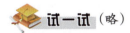 (略)

第六课 你们采用什么付款方式

1

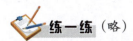

付款、信用证、开立、保证金、周转、数额、通融、付款交单、信誉、延期、开立、受益人、有效期、诚意

练一练 (略)

 说一说

1. 王总,我今天和美国国际贸易公司的史密斯先生见面谈了付款方式的问题,他同意用信用证付款。他们会在7月1日前向银行申请开立以我方为受益人的信用证,信用证的有效期到8月15号。

2. 王先生,我们这次交易能不能不用信用证付款,改用承兑交单或付款交单?因为公司在银行申请开立信用证必须交一笔保证金和手续费,这会影响公司的资金周转;我们和贵公司有多年的合作关系,公司的信誉良好,这您是知道的,我们从未延期付款;另外我们这次订单数额较大,贵公司考虑到这些因素能不能通融一下,改用别的付款方式?

3. 进口商:下面我们谈谈付款方式吧。贵公司通常采用哪种付款方式?
   出口商:我们一般只接受信用证付款。
   进口商:这次贵公司能不能破一次例,不用信用证付款?用信用证付款我们必须交一笔保证金,这会影响我们的资金周转,而且我们已经合作过多次,我们从未延期付款,这一点您最清楚。
   出口商:考虑到多年的合作关系,我们可以破一次例。您看这样好不好:一半货款用信用证支付,另外一半用付款交单?
   进口商:我觉得这样挺好。我们会在3月15号以前向银行申请开立以你方为受益人的10万美元的信用证,有效期到5月1号,您看怎么样?
   出口商:很好,我完全同意。

2

 填一填

汇率、贬值、欧元、数额、信用证、付款交单、延期、按照、定金、电汇、汇、账号

 练一练 (略)

 说一说

1. 李经理,我已经办完了9万元定金的电汇手续,银行的工作人员说这笔钱3个工作日之内到账,请您查收。我想再确认一下贵公司的开户行和账号,以免出错:开户行是中国工商银行北京分行,账号是6226—0202—0000—1466—114,户名是北京五星电器集团。

2. 进口商:这批货物的货款一共是15万美元,贵公司接受付款交单吗?
   出口商:我们希望贵公司最好用信用证支付,毕竟这是最安全的支付方式。
   进口商:申请信用证的手续比较复杂,我们怕来不及,这次贵公司能不能通融一下,接受付款交单?
   出口商:考虑到我们多年的合作关系,我们可以接受付款交单,不过贵公司必须付30%的定金。
   进口商:我们是贵公司的老客户了,合作了这么多年,从未延期付款,最近我们的资金周转有些紧张,30%的定金有些多,您看10%怎么样?

出口商：既然是老朋友，我们就再破一次例，同意贵公司付10％的定金。这笔定金你们打算用什么方式支付？

进口商：我们打算用电汇，这样比较快，两三天就可以到账。您能说一下开户行和账号吗？

出口商：我们的开户行是美国银行纽约分行，账号是0070－0552－3280－9601－6。

3

安全；手续复杂、费用较高、申请开立需交保证金和手续费；手续简单、手续费低；风险大；利于买方；完全取决于进口商的信用

（略）

第七课　你们打算怎么包装

1

保险、投保、信誉、险别、水渍险、一切险、附加险、投保、费率、赔偿、投保

（略）

说一说

1. 总经理，我和王经理谈完保险问题了。这次由他们负责投保，他们选择了中国人民保险公司，这家公司是中国最大的保险公司之一，信誉很好。王经理说他们准备投保一切险。一切险并不是包括了所有的风险，有些情况保险公司是不负责赔偿的，因此我觉得我们有必要投保受潮受热险，受潮受热险的保险费率是0.15％，这部分保险费由我们公司承担。

2. 进口方：这批服装的保险应该由贵公司负责投保，我想了解一下，贵公司打算在哪家保险公司投保？

   出口方：我们打算在中国人民保险公司投保。

   进口方：你们打算投保哪些险别？

   出口方：我们准备投保水渍险。

   进口方：有一些风险不包括在水渍险的范围之内，发生了意外保险公司不负责赔偿，所以我们还想投保短量险。

出口方：如果贵公司还想投保短量险，我们可以和保险公司联系，不过这部分保险费需要由贵公司承担。

进口方：没问题。那就这么说定了。

海运保险主要包括两大类：基本险和附加险。基本险可以分为平安险、水渍险和一切险三种。附加险包括十几种险别，可以根据货物的特点选择投保。保险费率方面，一切险包括的范围最广，因此保险费率最高，运到欧洲的话，一切险的费率为0.5%，水渍险的费率为0.2%，平安险为0.15%。

2

改进、具有、图案、有助于、鲜艳、硬纸板箱、一打、加固、净重、字样

练一练（略）

1. 茶具的内包装用纸盒，纸盒上印上具有中国民族特色的图案，颜色最好鲜艳一些，这样能吸引消费者，有助于销售。外包装用纸板箱，一箱装一打，因为要海运，纸板箱要结实一些，最好用包装带加固。外包装上请用中文和韩文标明"小心轻放"的字样，另外请标明品名、数量和重量。
2. 出口商：贵公司对这批毛绒玩具的包装有什么要求？

   进口商：我们希望内包装用塑料袋，防水防潮。

   出口商：内包装的设计呢，你们有什么要求？

   进口商：内包装的颜色最好鲜艳一点，印上儿童喜欢的卡通图案，这样可以吸引小朋友的注意力，有助于销售。

   出口商：好的，我们的设计人员设计完之后我会把样品拿给您看。外包装方面呢？

   进口商：外包装用纸板箱，重量轻，搬运方便。因为要经过长途海运，纸板箱最好用包装带加固。

   出口商：一箱装多少呢？

   进口商：一箱装20个。外包装上请用汉语和英语标明"防水防潮"字样，还要标明品名、数量、重量和产地。

3

外包装防震；防水防潮材料；结实；轻便；不怕震动

参考答案

 说一说

1．（略）
2．在对外贸易中，包装是非常重要的一个环节，不管是出口商还是进口商都必须重视包装。包装分为内包装和外包装。内包装如果美观大方，就能够吸引消费者购买，从而增加商品的销量，因此，内包装的设计非常重要。颜色要比较鲜艳，最好印上具有民族特色的图案或字样，同时还必须考虑消费者的消费习惯和心理。外包装在长途运输中起着保护货物的作用，因此包装材料必须结实，这样才可以把运输中的损失减少到最低限度。

第八课　我们想做贵公司的独家代理

1

 填一填

独家代理、期限、同类、佣金、佣金率、统一、承担、广告费、为期

 练一练

一、寻找代理（略）
二、代理条件（略）
三、关于佣金
　　A：我们可以拿到多少佣金？
　　B：根据我们公司的规定，代理商的佣金率不是固定的。如果代理商的年销售额达到10万美元，佣金率为5%；如果年销售额达到20万美元，佣金率为7%；如果年销售额超过30万美元，代理商可以拿到9%的佣金，另外本公司还将承担一半的广告费。

 说一说

1．我们公司和北京五星电器集团签订了代理协议，本公司正式成为五星电器集团在北美市场的独家代理，代理期限为三年。作为他们公司的独家代理，我们不能在北美市场销售其他公司的同类产品，也不能把产品销售到其他地区，如果北美的客户和他们公司直接交易，我们照样拿到佣金。他们的佣金率各地都是统一的，是6%，另外他们公司还将承担一半的广告费和其他推销费用。
2．（略）

147

2

填一填

独家代理、代理协议、代理权、批发商、网络、期限、超过、百分点

练一练（略）

说一说

1. 李经理,贵公司新研发的节能冰箱马上就要上市了,我们希望贵公司能把节能冰箱在广东的独家代理权给我们(或:我们希望在广东地区独家代理贵公司的节能冰箱)。我们是一家大型家电贸易公司,在广东地区有很好的家电销售网络,和批发商、零售商的关系都非常好,贵公司把独家代理权给我们,一定可以大大提高产品的销售量。作为这款冰箱的独家代理,我们计划每年销售两万台。佣金方面,我们希望拿到8%的佣金,另外因为消费者接受新产品需要一段时间,希望贵公司能承担一半广告费。

2. (略)

3

试一试（略）

说一说

为了增加产品销量,我建议委任北京五星电器集团为我们公司在中国的总代理。五星电器集团是一家大型家电企业,年营业额超过5亿元,规模大、实力强。他们和我们有多年的合作关系,信誉很好,从来没出过任何问题。他们在中国市场影响力很大,有良好的家电销售网络,可以帮助我们迅速开发中国市场,增加我们产品的销量。最重要的是,作为一家中国公司,他们熟悉当地市场的情况,了解中国消费者的消费心理和习惯,这是我们做不到的,两年来我们的销售量一直没有提高,很重要的一个原因就是我们很难和当地的批发商、零售商建立业务关系。因此,我认为应该请五星电器集团做我们的总代理。

参考答案

第九课　我们什么时候签合同

1

填一填

分歧、诚意、一致、草拟、草案、条款、加上、生效、修改

练一练

一、"达成一致"的用法（略）

二、草拟、修改合同

1.（略）

2. A：这是我们草拟的一份合同，请您过目，如果您有什么意见请告诉我们以便修改。

(1) B：前面的几个条款检查都没有问题，"交货日期"这一条我有点意见。能不能把"交货日期为10月中旬"改为"交货日期为10月12日之前"？这样更明确一些。

(2) B：我认为付款方式这一条需要修改一下。最好把"6月底之前"改为"6月25日之前"，这么说更清楚；另外再补充银行名称和信用证的金额，改为"向中国银行北京分行申请开立以卖方为受益人的10万美元的信用证"。

(3) B：我认为保险这一条最好能改为"由卖方负责在中国人民保险公司投保一切险"。

说一说

王经理，您好，很高兴我们又见面了。这次谈判前前后后用了一周的时间，辛苦了。这是我们首次合作，开始存在很多分歧，不过我们都很有诚意，所以经过长时间的谈判终于在所有问题上都达成了一致意见。这是一个良好的开端，希望我们以后有更多的机会合作，也非常感谢您在一些问题上做出的让步。这是我们根据谈判结果草拟的一份合同，请您过目并提出修改意见。

2

填一填

修改、签、出差、特快专递、履行、争议、协商

练一练（略）

说一说

王经理，贵公司草拟的合同草案我已经看完了，对于主要条款我都没什么意见，有几个小问题要提一下。首先是这份草案只有中文文本，没有英文文本，我们希望能再起草一份英文版合同。

149

第二,草案里没有规定违约的情况,我认为可以增加这么一条:"一方违约,另外一方有权终止合同。"不知道您有什么意见?第三,草案里没有说明出现争议应该怎么办,是不是可以再加上这么一条:"履行合同的时候出现争议,双方应通过友好协商解决"?

3

1.(略)
2. 虽然我们双方都没有出现过违约情况,但是万一一方违反合同,没有规定违约责任就可能给另外一方造成重大损失,这是我们都不愿意看到的,所以必须把违约责任写进去。违约责任是合同里很重要的一个条款,一方不按规定履行合同就必须赔偿对方的损失,这对我们双方来说都有好处,保护了我们双方的利益。另外把违约责任写进去不会影响我们的合作关系,如果出现争议我们也可以通过友好协商来解决。希望贵公司能理解并接受我们的建议。

第十课　我们向贵公司索赔50000美元

1

损坏、破损、符合、索赔、检测、调查、属实、赔偿

（略）

　　刚才美国国际贸易公司的史密斯先生打来电话,我们发给他们的那批冰箱1200台有50台严重损坏,无法销售。检测报告说是由于包装质量太差而造成货物损坏,检查发现这50台冰箱的外包装没有按照合同规定加固。现在他们公司要求我们赔偿50000美元,我已经要求他们把索赔信和检测报告发给我,并答应他们马上调查这件事,如果情况属实将赔偿他们的一切损失。

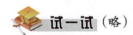（略）

参考答案

2

填一填

真丝、纯棉、失误、索赔、赔偿、承担、优惠、节省/省下

练一练（略）

说一说

　　李经理,你好。贵公司12号收到了我们发过去的2000部电话,发现不是合同上写的T120而是T110,接到你们的通知后我们马上进行了调查。调查发现,是我们销售部的工作人员工作出现了失误,发货时发错了。出现这么低级的工作失误我们非常抱歉,在此向贵公司真诚地道歉。我们愿意赔偿贵公司的所有损失,另外,你们订的2000部T120电话,本周五装运发给你们,所有费用由我们承担。

3

试一试

1.（略）

2.中国东方贸易公司黄国强经理：

　　您好！来函收悉。我们非常抱歉出现这样的问题。收到您的信之后,我们马上进行了调查。调查发现,这10台显示器包装破损是因为外包装没有按合同规定加固,只收到800台显示器是因为我们的发货人员统计错误,总之都是我方的责任。我们对此表示万分的歉意,愿意接受贵公司提出的索赔要求,赔偿贵公司的损失。另外,我们将尽快装运210台显示器发给贵公司,希望能把贵公司的损失减少到最低限度。

　　　　顺颂

商祺！

现代电子集团总经理　金太基
2008.3.26